KB200576

왜 구원인가?

왜 구원인가?

지은이 | 조정민
초판 발행 | 2015. 9. 15
17쇄 발행 | 2024. 8. 1
등록번호 | 제1988-000080호
등록된 곳 | 서울특별시 용산구 서빙고로65길 38
발행처 | 사단법인 두란노서원
영업부 | 2078-3333   FAX | 080-749-3705
출판부 | 2078-3331

책 값은 뒤표지에 있습니다.
ISBN 978-89-531-2362-5 04230
ISBN 978-89-531-2373-1 04230(set)

독자의 의견을 기다립니다.
tpress@duranno.com www.duranno.com

두란노서원은 바울 사도가 3차 전도여행 때 에베소에서 성령 받은 제자들을 따로 세워 하나님의 말씀으로 양육하던 장
소입니다. 사도행전 19장 8-20절의 정신에 따라 첫째 목회자를 돕는 사역과 평신도를 훈련시키는 사역, 둘째 세계선교
(TIM)와 문서선교 (단행본·잡지) 사역, 셋째 예수문화 및 경배와 찬양 사역, 그리고 가정·상담 사역 등을 감당하고 있습니다.
1980년 12월 22일에 창립된 두란노서원은 주님 오실 때까지 이 사역들을 계속할 것입니다.

왜 구원인가?

조정민 지음

두란노

contents

오늘 구원을
생각한다

젊은 날 예수님께 코웃음을 쳤던 시절, 가장 듣고 싶지 않았던 단어가 구원이었습니다.

"도대체 저 사람들은 왜 입만 열면 예수고 말만 꺼내면 구원이야. 그리고 내가 왜 구원이란 걸 받아야 해?"

구원이라는 개념 자체가 독선의 종교로 여겼던 기독교를 상징하는 단어로 들렸습니다. 한 걸음 더 나아가 예수님이 나의 죄 때문에 십자가를 졌다는 말처럼 언짢은 말이 없었기에, 예수님이 나에게 값없이 구원을 주셨다는 말조차 불쾌하게 여기며 귓등으로 흘려들었습니다.

그러다가 덜컥 예수님을 만났습니다. 그리고 단번에 그분이 바로 구원이라는 걸 직감했습니다. 시간이 지나면서 그분 앞에 무릎을 꿇는 것이 구원의 섭리에 전신을 내맡기는 것임을 깨달았습니다.

성경을 읽어 가면서 처음부터 마지막까지 면면히 흘러가는 줄

거리가 곧 구원 이야기임을 확인했습니다. 그 무엇보다 구원이야
말로 인류 역사의 자물쇠를 여는 열쇠임을 알게 되었습니다. 비로
소 인간의 역사가 구원사(救援史)라는 말의 뜻을 알아채게 된 것입
니다.

구원의 진가에 눈을 뜨면 세상과 이단이 왜 구원을 웃음거리로
만드는지 이해가 됩니다. 가치 있는 것은 예외 없이 모조품을 낳
지만, 역설적으로 그 가짜는 언제나 진짜를 증명합니다. 진짜 없는
가짜는 있을 수 없고, 진짜가 값싸다면 가짜를 만들 이유가 없습
니다. 그러나 구원의 교리를 훼절시키는 이단도 안타깝지만, 구원
의 가치를 이단보다 더 모른 채 신앙을 무거운 짐처럼 지고 가는
숱한 그리스도인들의 모습이 더욱 안타깝습니다.
"왜 예수인가?"

이 질문에 분명히 답할 수 없다면 이유는 단 한 가지입니다.
"왜 구원인가?"

이 질문을 전심으로 대면하지 않았기 때문입니다. 이 질문에 대한 바른 대답을 얻지 못한다면 신앙 전체가 바른길에서 벗어나게 됩니다. 지난해 세월호 사건이 일으킨 파문을 지켜보는 과정에서 소중한 생명들이 희생되었을 뿐만 아니라 영원한 생명의 씨앗인 구원의 교리마저 뒤흔들리는 것을 목격했습니다. 이 책은 구원의 의미를 되찾는 일이 무엇보다 중요하다는 생각의 흔적입니다.

누군가를 사랑한다면 예수님을 소개하는 것보다 더 사랑하는 길이 없고, 누군가에게 선물한다면 구원을 얻을 수 있도록 돕는 것보다 더 사랑의 마음을 전하는 방법이 없습니다. 정말 길거리 어디에서나 외치고 싶은 한마디가 있다면 "구원받으세요!"입니다. 그러나 사실 구원이 무엇인지 제대로 알기만 한다면 굳이 외칠 필요가 없습니다. 구원은 선택의 문제가 아니라 선택 너머의 문제이기 때문입니다.

책이 얼굴을 드러낼 때마다 예수님께 감사합니다. 그리고 미련한 사람을 끝까지 참아 주고 구원을 삶으로 보여 주신 고(故) 하용조 목사님께 감사합니다. 두란노 가족에게는 고맙다는 말로 감사를 표하는 것이 오히려 부족합니다. 무엇보다 이 책이 구원받기 전이나 구원받은 이후나 변함없이 곁에서 힘이 되어 주는 아내에게 구원의 선물이 되기를 바랍니다.

2015년 9월
날마다 구원을 누리는 베이직교회 예배의 자리에서
조정민

WHY

SALVATION

1
chapter

풀려남

～～～

구원은 과거가 나를 규정하도록 방치하지 않는 삶입니다.
구원은 미래가 현재를 결정하도록 하는 삶입니다.
구원은 그래서 자유입니다.

성경의 메시지는 창세기부터 요한계시록까지 한 가지 키워드를 향해 흘러가고 있습니다. 예수님은 '그것'을 이루기 위해 오셨고, 우리에게 '그것'을 선물로 주셨습니다. '그것'이 이 땅 가운데 어떤 변화를 일으키는지 우리가 볼 수 있도록 하기 위해 십자가를 지셨고, 부활하셨고, 우리에게 말씀하신 바를 기억나게 하시려고 성령님을 보내 주셨습니다. 예수님이 그 짧은 생애 동안 무엇을 하셨는지를 정확히 안다면 우리 삶은 '그것' 이전과 이후가 같을 수 없습니다.

'그것'이 무엇입니까? 바로 '구원'입니다. 예수님의 성육신과 공생애, 십자가와 부활이 모두 구원을 위한 것이었습니다. 성경은 그분의 이야기(His Story)입니다. 그 이야기를 통해 이 땅에서 구원 계획이 이루어지는 것을 펼쳐 보여 주십니다. 구원이라는 단 한 가지 주제가 성경 전체를 관통하고 있습니다.

우리가 누군가를 사랑하면 어떻게 됩니까? 무엇인가를 주고 싶습니다. 가장 소중한 것을 주고 싶어집니다. 하나님도 우리에게 주고 싶어 애가 타십니다. 가장 중요한 것, 반드시 필요한 것, 없으면 못 사는 것을 주기 원하십니다. 성경은 그것이 구원이라고 알려 줍니다. 구원이 무엇이기에 하나님께서 당신의 모든 것, 모든 수고, 모든 생명, 모든 사랑을 쏟아부어 주십니까?

낯모르던 사람들이 성도라는 이름으로 매주일 교회에 모여 함께 예배를 드립니다. 심지어 매일 만나거나 때로는 아침저녁 만나서 예배드리기도 합니다. 왜 그렇게 삽니까? 답은 하나입니다. 구원받았기 때문입니다. 구원받은 것이 기적과 같이 놀랍기 때문이요 구원받은 것이 감사하기 때문입니다.

구원의 본질을 분명히 안다면 우리 눈에는 눈물이 마르지 않을 것이고, 우리 생애는 더 이상 메마른 들판처럼 황량하지 않을 것입니다. 날마다 감격이 넘쳐서 전혀 다른 느낌과 전혀 다른 꿈과 전혀 다른 목적을 가지고 살게 될 것이기 때문입니다.

구원의 관점에서
요셉을 보라

우리가 익히 아는 하나님의 사람 요셉으로부터 구원 이야기를 시작해 보고자 합니다. 요셉은 장차 오실 예수님을 보여주는 대표적인 인물입니다.

요셉 이야기를 모르는 사람은 많지 않을 것입니다. 열 명의 형들한테 억울하게 당하고 시위대장 보디발의 집에 노예로 팔려 간 남자. 거기서도 죽을힘을 다했는데 또 오해를 받아 감옥에 갔다가 총리가 된 남자. 혹시 남자판 신데렐라 이야기 정도로 알고 있지는 않습니까?

요셉 이야기는 구원의 본질이 무엇인지를 분명히 알려 주는 놀라운 기록입니다. 구원이란 무엇입니까? 구원받으면 어떻게 되나요? 구원받았으면 어떤 삶을 살아내야 합니까? 또 구원이 삶에 어떤 놀라운 변화와 능력을 가져옵니까? 이러한 질문에 대한 답이 그의 이야기에 담겨 있습니다.

아버지 야곱의 장막에 있을 때나 애굽에 팔려 가서 보디발의 집에 있을 때나 누명을 쓰고 감옥에 있을 때나 요셉은 언제나 형통했다고 성경은 기록하고 있습니다. 감옥에 있는데 어떻게 형통합니까? 석방 기일이 자꾸 늦어지는데 형통하다고 할 수 있습니까? 감옥에서 빠져나오고, 누명에서 벗어나야 형통한 것 아닙니까? 성경은 그럼에도 불구하고 요셉이 형통하다고 말합니다. 왜 이런 관점을 우리에게 계속 반복해서 들려줄까요?

형통의 비밀이 바로 구원에 있기 때문입니다. 형통하면 구원받는 것이 아니라 구원받은 삶이 형통한 것입니다. 일생 형통하게 잘산다고 구원받는 것이 아니라 하나님이 택하고 불러서 자녀 삼으시면 그게 구원입니다. 구원받게 되면 어디서 어떻게 살건 그곳이 하나님 나라가 된다는 것입니다. 하나님 나라에 속한 시민으로 사는 것이 구원이고, 그 구원의 삶이 형통한 삶이라는 것입니다. 요셉의 일생이 바로 이 구원의 본질과 섭리를 정확히 보여 주고 있습니다.

> 15 요셉의 형제들이 그들의 아버지가 죽었음을 보고 말하되 요셉이 혹시 우리를 미워하여 우리가 그에게 행한 모든 악을 다 갚지나 아니할까 하고 16 요셉에게 말을 전하여 이르되 당신의 아버지가 돌아가시기 전에 명령하여 이르시기를 17 너희는 이같이 요셉에게 이르라 네 형들이 네게 악을 행하였을지라도 이제 바라건대 그들의 허물과 죄를 용서하라 하셨나니 당신 아버지의 하나님의 종들인 우리 죄를 이제 용서하소서 하매 요셉이 그들이 그에게 하는 말을 들을 때에 울었더라 창 50:15-17

요셉에게는 배다른 형이 열 명 있었습니다. 요셉은 아버지 야곱이 노년에 낳은 데다가 네 아내 중에 가장 사랑했던 라헬의 소생이라 어릴 때부터 아버지의 사랑을 독차지했습니다. 하나님의 사랑은 아무리 많이 받아도 좋지만 사람의 사랑은 독차지하면 다른 사람의 질투를 받게 마련입니다. 세상 권력은 직급보다는 보스의 총애에 따라 서열이 달라집니다. 보스가 자주 부르고 시간을 길게 나누는 사람이 실권자입니다. 그러나 그만큼 시기와 질투, 심지어 모략의 대상이 됩니다.

요셉의 인생이 왜 꼬이기 시작했습니까? 아버지 야곱이 다른 아들들보다 요셉을 너무 많이 사랑한 데서 비롯됩니다. 편애에서 시작된 것이지요. 형들이 늘 기회를 노리다가 집에서 멀리 떨어진 곳, 양치는 곳으로 아버지 심부름차 찾아온 요셉을 붙들어 대상들에게 팔았고, 그 후 요셉의 고난이 시작됩니다. 이후 야곱의 가족사에는 씻을 수 없는 그림자가 드리웁니다. 형들 모두가 공범자입니다. 동생 요셉에게 못할 짓을 하고 나서 그 사실을 아버지 야곱에게 숨겼습니다. 야곱은 죽는 날까지 이 사실을 정확히 몰랐을 것입니다. 요셉도 얘기하지 않았고 열 아들도 끝까지 아버지에게 진실을 털어놓지 않았습니다.

요셉은 기근을 피해 양식을 사러 온 형들에게 얼마든지 복수할 수 있었지만, 형들이 회개할 수 있는 시간을 주었고, 결국 온 가족이 애굽에서 함께 살았습니다.

본문의 상황은 아버지 야곱이 죽고 나서입니다. 현직 국무총리의 부친상입니다. 애굽 왕 바로가 특별히 신경을 써서 성대하게 치른 장례입니다.

요셉의 형들은 모두 하나같이 두려움에 빠졌습니다.

"요셉이 이제 우리를 어떻게 대할 것인가. 그동안은 아버지가 살아계셔서서 우리를 차마 어쩌지 못하고 봐주었을 텐데, 이제 아버지가 떠나셨으니 복수하지 않을까?"

그들은 서로 만나 여러 차례 이야기를 나누었을 것입니다. 그들은 대책을 궁리하고 입을 맞추어 조용히 요셉을 찾아갑니다. 묘안이라고 찾은 것이 아버지의 유언입니다. 그것으로 요셉을 묶으려고 합니다. 아버지가 세상을 떠나시기 전에 "네 형들이 네게 악을 행하였을지라도 이제 바라건대 그들의 허물과 죄를 용서하라"고 유언하셨다는 것입니다.

그렇게 중요한 유언을 형들에게만 했겠습니까? 왜 요셉에게는 하지 않았겠습니까? 실제 그랬는지 아닌지 정확히 알 수는 없지만 정황상 형들이 서로 입을 맞춰서 하는 얘기지요. 중요한 것은, 형들이 아버지 야곱의 유언이 있으니 우리를 용서해 달라고 했을 때 요셉이 울었다는 사실입니다. 보통 용서를 구하는 사람이 울지 않습니까? 용서하는 사람이 먼저 우는 일이 어디 흔합니까? 그런데 요셉이 대체 왜 눈물을 흘립니까? 세상을 떠난 아버지에 대한 슬픔이 복받쳐 올라와서입니까? 복수할 기회가 찾아왔으니 기뻐서 흘리는 눈물입니까? 대체 왜 웁니까?

용서, 과거에 묶이지 않아야
가능하다

요셉의 눈물은 사랑의 눈물이자 용서의 눈물이며 긍휼의 눈물입니다. 요셉은 형들을 언제 용서했습니까? 창세기에서 요셉 부분을 찬찬히 읽어 보십시오. 형들에 대한 원망이 단 한 마디도 없습니다. 고난의 시간 동안 단 한 마디도 입 밖에 내지 않았습니다. 이미 용서했기 때문입니다.

만약 용서하지 않았다면 그는 성경이 말하는 형통한 삶을 살지 못했을 것입니다. 가슴에 시커먼 상처를 안고, 그 상처로 인한 분노가 날마다 커지는데 어떻게 형통할 수 있습니까? 분노에 사로잡히면 되는 일이 없고 아무 일도 못합니다. 상처가 크면 앞으로 못 나갑니다. 과거에 묶여 있으면 미래로 갈 수 없기 때문입니다.

여기서 우리가 발견하는 것이 있습니다. 구원으로 인해 형통한 삶을 살았던 요셉이 누린 첫 번째 은혜가 바로 과거에 묶여 살지 않는 것이었다는 사실입니다. 구원은 과거로부터의 해방임을 기억하십시오. 과거에서 자유로워지는 비결이 무엇입니까? 용서하는 것입니다.

죄를 지은 것은 형들입니다. 그러나 만약 계속 괴로워한다면 죄의 결과에 묶이는 것은 누구입니까? 요셉입니다. "맞은 놈은 발 뻗고 자도 때린 놈은 발 뻗고 못 잔다"는 말은 틀렸습니다. 때리고 나서 그 사람이 복수해 올까 봐 염려하는 사람은 발 뻗고 못 자도, 맞았지만 다 용서한 사람은 발 뻗고 잔다고 해야 맞는 얘기입니다.

맞은 게 분해서 어떻게 원수를 갚을 것인가 절치부심(切齒腐心)하는 사람도 절대 발 뻗고 자지 못합니다. 와신상담(臥薪嘗膽)합니다. 와신상담이란 상처를 잊지 않기 위해 불편한 섶에 누워 자고 쓸개를 한 번씩 핥아먹으며 원수 갚을 일을 잊지 않는다는 뜻입니다. 요셉은 와신상담하지 않았습니다. 그는 이미 구원받은 삶을 살고 있었기 때문입니다.

구원이 왜 중요합니까? 과거에서 해방되기 때문입니다. 과거에 묶이지 않기 때문입니다. 과거가 내 삶을 결정하도록 내버려두지 않기 때문입니다. 구원은 미래가 현재를 결정하도록 하는 삶입니다. 구원은 과거가 나를 규정하도록 방치하지 않는 삶입니다. 구원은 그래서 자유입니다.

젊은 요셉이 어떻게 그토록 성숙할 수 있었습니까? 어디서 배운 것입니까? 배운 것이 아니라 하나님을 기억했기 때문입니다. 보통 너무 분한 일을 겪으면 하나님이 안 보이고 하나님이 안 느껴집니다. 그 순간 하나님을 잊어버립니다. 조금 있다가 하나님이 기억나면 하나님께 서운해 하거나 따지기 시작합니다.

"어떻게 제게 이러실 수 있습니까? 어떻게 믿는 제가 안 믿는 저 사람에게 이런 일을 당할 수 있습니까? 왜 내버려두십니까? 왜 하나님은 세상 사람들이 당신의 자녀들을 괴롭히는 것을 보고 계십니까? 이건 말이 안 됩니다!"

믿음을 잃은 사람들은 이렇게 말합니다.

"봐라. 이것이 하나님이 없다는 증거다. 설사 있어도 그냥 묵묵

히 바라보기만 한다. 하나님은 결코 전능하지 않다. 절대선이 아니다."

그런데 요셉은 잠잠합니다.

> [18] 그의 형들이 또 친히 와서 요셉의 앞에 엎드려 이르되 우리는 당신의 종들이니이다 [19] 요셉이 그들에게 이르되 두려워하지 마소서 내가 하나님을 대신하리이까 창 50:18-19

형들이 더 불안합니다. 욕을 퍼붓는 편이 차라리 나을 텐데 눈물 흘리는 것을 보니까 더 불안합니다. 그동안 분하고 원통했던 것이 드디어 터지는구나 하는 불안감이 생깁니다. 형들이 간신히 입을 다시 엽니다.

"총리님, 이제 우리는 모두 당신의 종들입니다."

형들은 왜 아직 이 모양입니까? 구원이 무엇인지를 모르기 때문입니다. 구원받았다는 믿음이 없기 때문입니다. 동생 요셉이 이미 다 용서했다는 것을 믿지 않았기 때문입니다. 구원받고도 구원의 내용이 무엇인지를 모르는 삶의 전형입니다. 교회를 아무리 오래 다녀도 구원의 본질을 모르면 늘 조금씩 불안하고 어딘가 한구석이 찜찜합니다. 무엇인가 더 해야 한다는 강박관념에 시달리고 조금 더 안 주시나 하는 부족감에 시달립니다. 자유와 기쁨이 없습니다.

요셉은 그런 형들에게 놀라운 비밀을 선포합니다. 그리고 구원의 진정한 본질을 우리에게 알려 줍니다.

"내가 하나님을 대신하리이까?"

구원이 무엇입니까? 하나님을 대신하지 않는 것입니다. 하나님
자리에 올라가지 않는 것입니다. 하나님의 자리에 어쩌다가 한번
올라가 보았더라도 즉시 내려오는 것입니다. 다시 그 자리에 올라
가지 않는 것입니다. 그렇다면 과거에서 풀려난 것이 해석됩니다.
지금 내가 하나님을 대신하지 않기 때문에 과거에서 자유로울 수
있습니다. 용서의 근거도 분명해집니다. 과거에 어떤 경험을 했을
지라도 하나님의 자리에서 판단하지 않겠다는 결정이 용서입니다.

이제 요셉의 일생이 해석됩니다. 노예로 팔려간 소년이 어떻게
해서 애굽 땅에서 총리가 되었는지 비밀이 풀립니다. 그는 자기
인생을 해석하느라고 시간을 보내지 않았습니다. 과거에 묶이지
않고 해석되지 않는 것을 뒤로 한 채 미래가 자기를 이끌어 가도
록 자신을 내어 주었기 때문에 구원을 누리는 삶을 살 수 있었습
니다.

하나님의 자리에서 내려와야
자유하다

> 야곱이 라헬에게 성을 내어 이르되 그대를 임신하지 못하게 하
> 시는 이는 하나님이시니 내가 하나님을 대신하겠느냐 _{창 30:2}

이 장면은 무엇입니까? 야곱과 라헬의 부부싸움 장면입니다. 간단하게 기록되어서 그렇지, 이날 밤 그들의 부부싸움 전후 사정을 다 기록하면 상당한 양이 될 것입니다. 창밖으로 소리가 새어나올 정도로 언성이 꽤 높았을 것입니다. 야곱의 다른 세 아내들은 아이들을 쑥쑥 낳아 잘만 기르고 있는데 라헬만 아이가 없었습니다. 보통 여자 같으면 '나한테 문제가 있구나' 생각하고 조용히 지냈을 것입니다. 그런데 라헬은 남편이 자신을 가장 사랑한다는 것을 알기 때문에 더더욱 목소리를 높입니다. 왜 자기한테 더 노력을 기울이지 않느냐는 것입니다. "다른 방에 들어가서는 안 되지 않느냐. 나한테 아이가 생길 때까지 좀 올인해 봐라." 이렇게 주장하는 것입니다.

얘기가 길어지자 야곱이 화가 났습니다.

"임신이 안 된 것이 어찌 나 때문이냐? 임신하지 못하게 한 분은 하나님이시다. 내가 어떻게 하나님을 대신할 수 있느냐? 나는 하나님의 자리에 안 올라간다."

이 이야기를 하나님이 들으셨습니다. 하나님의 마음에 드실 이야기입니다. 하나님이 독점욕이 엄청난 분이셔서 그렇습니까? 아닙니다. 세상에 가장 고통스러운 것이 남의 자리에 앉아 있는 것입니다. 내 자리, 내가 있을 자리, 나한테 원래 주어진 자리에 있는 것이 기쁨입니다. 하나님은 우리 각자가 있을 자리를 정해 주셨습니다. 피조물로서 지켜야 할 자리와 경계를 정해 주셨습니다. 사람이 정하면 불편하지만 하나님이 정하시면 평안합니다. 사람들은 나를 모르기 때문이고, 하나님은 나의 모든 것을 아시기 때문입니다. 알아도 어설프게 아는 사람의 말을 듣는 것보다 나보다 나를 더 잘 아시는 하나님의 말씀을 듣는 편이 더 낫지 않습니까?

인생의 불행이 어디서 시작됩니까? 내가 나 아닌 다른 사람이 되려고 하는 데서부터 시작됩니다. 왜 나로 살지 않고 다른 사람처럼 살려고 합니까? 내가 누구인지, 또 그 사람이 어떤지 몰라서입니다. 그리고 하나님이 누구신지 몰라서입니다. 하나님을 알면 모든 의문이 풀립니다. 내가 누구이고 그 사람이 누구인지 알게 됩니다. 하나님을 알면 내가 하나님을 대신할 수 없다는 것도 알고 하나님 행세를 해서는 안 된다는 것도 압니다. 그래서 자신이나 다른 사람을 닦달하지 않습니다. 너그럽고 여유롭습니다. 구원은 평안이기 때문입니다.

평안의 본질이 무엇인지 분명히 알아야 합니다. 하나님을 대신하지 않고, 하나님의 자리를 넘보지 않아야 합니다. 구원은 하나님의 자리에서 내려오는 것이고 다시 올라가지 않는 것입니다.

가장 사랑하는 아내 라헬이 드디어 요셉을 낳았을 때 야곱이 얼마나 기뻤겠습니까? 얼마나 기뻤으면 요셉에게 채색 옷을 입혔겠어요. 당시 채색 옷은 지금의 명품 못지않은 귀한 것이었습니다. 그런 옷을 입혔으니 형들이 완전히 볼품없어졌을 것입니다. 그래서 고난이 시작되었습니다. 형들은 앓던 이가 빠진 듯 시원했을까요? 결코 그런 일은 없습니다. 동생을 파는 순간부터 어둠의 나락으로 떨어집니다. 죄와 비밀은 우리 안에 짙은 어둠을 드리웁니다.

알고 보면 인간은 사실 다 어둠의 자식들입니다.

> 당신들은 나를 해하려 하였으나 하나님은 그것을 선으로 바꾸
> 사 오늘과 같이 많은 백성의 생명을 구원하게 하시려 하셨나니
> 창 50:20

사람은 좋은 의도, 좋은 계획을 갖고 있지 않습니다. 해롭고 나쁘고 악한 계획을 갖고 있습니다. 그러나 하나님은 좋은 계획, 선한 목적을 갖고 계십니다. 하나님의 선하심 때문에 인간의 악한 계획이 시간이 지나면서 하나님의 선한 목적으로 변해 가는 것이 구원의 신비스러운 과정입니다.

구원은 인간의 노(No)를 하나님의 예스(Yes)가 대체하는 과정입니다. 사람의 속을 알면 아마 다들 기절할 것입니다. 웃음 뒤에 있는 악한 계획을 알면 다시 만나지 않을 것입니다. 이중, 삼중 인격을 알면 누가 누구를 만날 수 있겠습니까? 그러나 하나님은 의도가 복잡하지 않으십니다. 하나님은 너무나 단순하십니다. 그냥 사랑하고 그냥 좋아하십니다. 그냥 잘해 주겠다고 결심하신 분입니다. 하나님은 우리의 행위에 따라 좋아할지 말지를 결정하시지 않습니다. 좋아하기로 결정하셨기 때문에 좋은 방향으로 우리를 이끌어 가십니다. 우리는 안 따라가겠다고 몸부림치고 때로 멀리 달아나기도 하지만 하나님은 우리를 놓치지 않으십니다. 하나님의 관심은 살리는 것, 구원하는 것입니다.

구원은 가장 먼저 살리는 것입니다. 구원은 무엇보다 먼저 죽을 상황에서 건져 내는 것입니다. 물에 빠져 죽어 가는 사람을 건져 주듯, 덫에 걸려서 제힘으로 못 빠져나오는 동물을 구해 주듯, 수렁에 빠져 제힘으로 벗어나지 못하는 사람을 꺼내듯 건져 내는 것이 구원입니다. 그래서 구원은 절체절명(絶體絶命)의 위기로부터 벗어나는 것입니다. 사람이 살기 위해서 무엇이 가장 급한 일입니까? 구원입니다. 어떤 일보다 구원이 가장 급선무입니다.

　　하나님이 생명을 구원하는 방법은 언제나 같습니다. 인간의 악을 선으로 바꾸는 일입니다. 하나님은 악을 선으로 바꾸는 것이 전공입니다. 인간은 그런 능력이 없습니다. 인간은 생각하는 것이 악할 뿐이기 때문입니다. 사람들은 과학으로 못할 것이 없다고 주장하지만 사람의 악한 속을 어쩌지는 못합니다. 21세기 과학에서 가장 유망한 분야는 뇌과학이라고 합니다. 뇌과학이 발달해서 인간의 생각을 마음대로 바꾸고 조종할 수 있다면 어떻게 될까요? 모든 수단이 인간에게 주어진다면 악인의 손에 의해서 인류가 끝장나는 것 외에 다른 길이 없겠지요.

　　하나님은 악을 선으로 바꾸는 일을 하고 계십니다. 요셉을 구원하심으로 그 일을 하십니다. 구원받은 요셉이 하나님의 일에 동참합니다. 요셉이 구원의 본질을 알았습니다. 요셉은 자기 인생 전체가 그 일에 쓰이고 있음을 깨달았습니다. 그래서 그는 과거를 하나님 안에서 해석할 수 있었고, 덕분에 자유로워졌습니다. 더 이상 과거에 묶이지 않고 구원 계획의 미래로 달려가는 구원받은 삶의 본질을 깨달았기 때문입니다.

> 당신들은 두려워하지 마소서 내가 당신들과 당신들의 자녀를
> 기르리이다 하고 그들을 간곡한 말로 위로하였더라 ^{창 50:21}

구원받은 사람은 많은 생명을 구하는 일을 합니다. 그 과정을
구체적으로 살펴봅시다. 첫째가 안심시키는 일입니다.

"두려워하지 마십시오. 형들 안심하십시오. 내가 돕겠습니다. 내
가 조카들을 다 보살피겠습니다."

구원은 안심시키는 일이고, 돌보는 일이고, 간곡한 말로 위로하
는 일입니다. 여전히 구원받은 백성답지 못하게 사는 형들이 답답
하지 않습니까? 용서한 게 언제인데 아직 그러고 있습니까? 그래
도 요셉은 형들을 닦달하지 않고 두려워하지 말라고 위로하고 안
심시켰습니다.

사람의 노,
하나님의 예스

어떤 사람은 구원을 말하면서 두려움
을 주기도 합니다. 이단이 특히 심하지요. "헌금을 안 하고 봉사를
안 하면 헛수고다. 주일성수를 안 하면 지옥에 간다"는 식으로 협
박합니다. 그게 다 중요하지 않다는 것이 아닙니다. 그러나 그것부

터 이야기하는 것은 구원받은 사람답지 못합니다.

신학자 칼 바르트(Karl Barth)는 구원이란 하나님의 예스라고 말합니다. 형들이 죄와 허물을 용서해 달라고 했을 때 요셉이 "예스"라고 답한 것입니다. 내가 하나님의 예스가 되었기 때문에 나도 누군가에게 예스가 되는 것입니다.

스탠리 존스(Stanley Jones)의 삶에는 위대한 선교사로서의 삶보다 더 중요한 것이 있었습니다. 그는 매일 아침이면 '하나님의 예스'를 듣고 묵상하면서 하루를 시작했다고 합니다. 그의 삶의 기반은 바로 '하나님의 예스'에 있었습니다. 그날그날 하나님께서 주시는 감동에 민감하게 귀를 기울였고 복음이 주는 감동에 기뻐하였고 충만했습니다. 노년에 그는 뇌졸중으로 쓰러지게 되었는데 정신이 돌아왔을 때 간호사와 친구들에게 부탁해서 "나사렛 예수의 이름으로 일어나 걸으라"는 말씀을 낭독해 달라고 했습니다. 그리고 정말 그는 기적처럼 다시 일어나 걷게 됩니다. 그는 그때의 감동을 토대로 《하나님의 예스》라는 책을 집필했습니다.

매일매일 우리는 무엇인가에 접속하면서 살고 있습니다. 무엇에 접속하느냐에 따라서 우리 삶의 스타일이 결정됩니다.

> 범사에 감사하라 이것이 그리스도 예수 안에서 너희를 향하신 하나님의 뜻이니라 살전 5:18

어떤 사람이 불평과 불만에 접속할까요? 자신의 힘과 능력의

한계에만 갇혀 있는 사람일 것입니다. 반대로 공급해 주시는 하나님께 접속하는 사람은 항상 감사할 수 있습니다.

하나님의 예스, 그 구원을 받은 사람들의 공동체가 교회입니다. 구원받은 사람들의 구조선이 교회입니다. 그런데 유람선으로 생각하는 교인들이 있습니다. 선장, 갑판원, 위생사, 조리사로 일하는 것이 너무 재미있어서 배 밖에서 무슨 일이 일어나고 있는지 관심도 없는 경우가 있습니다. 구원의 배는 그런 게 아닙니다.

교회는 구원받은 사람들이 구원보다 더 중요한 일이 없다는 것을 깨달았기 때문에 어떤 일보다 구원이 가장 먼저라고 하는 공감대를 가진 공동체입니다. 관심의 우선순위가 구원이어야 함을 아는 사람들의 모임입니다. 모이기만 하면 배 밖에 있는 사람들을 위한 구조 계획과 작전을 짜고 점검해야 옳습니다.

예수님이 "구원이 유대인에게서 남이라"(요 4:22)고 말씀하셨습니다. 구원이 유대인에게서 시작되어서 전 인류로 흘러갈 것임을 말씀하신 것입니다. 요셉 이야기도 그렇습니다. 요셉은 가나안 땅에 들어왔던 아브라함의 후손입니다. 요셉 때문에 가나안에 있던 형제들도 살았고, 애굽 백성도 살았습니다. 생명을 얻은 것입니다. 구원이 하나님으로부터 시작되었다는 얘기를 하는 것입니다.

"물에 빠져 죽어 가는 사람을 건져 주었더니 내 보따리 내놓으라고 한다"는 말이 있습니다. 어릴 때는 이 말이 무슨 뜻인지 잘 몰랐습니다. 철들고 나서야 무슨 뜻인지 깨달았습니다. 인간은 자주 선을 악으로 갚는다는 뜻이었습니다. 살면서 실제로 제 자신도 그런 경험을 몇 차례 겪었습니다. 얼마나 슬프고 분했는지 모릅니다. 언제 이 슬픔과 분노에서 벗어났을까요? 구원받고 나서입니다.

구원받고 나서는 이런 일이 없었을까요? 또 있었습니다. 그러나 예전처럼 오래가지 않았습니다. 왜 빨리 회복되었을까요? 한번 빠져나온 경험이 있기 때문입니다.

구원이란 무엇입니까? 묶인 데서 풀려나고 수렁에서 건짐받는 것입니다. 더 나아가면 바로 인간의 원죄에서 벗어나는 것입니다. 하나님 자리에 올라간 것이 원죄입니다. 그 자리에서 다시 제자리로 내려온 것이 구원입니다.

W H Y

SALVATION

2
chapter

택하심

~~~~~

구원은 하나님 아버지의
일방적인 사랑이고 택하심입니다.
왜 하필 당신입니까?

교회를 오래 다녔는데도 불구하고 삶이
변하지 않는 까닭은 무엇입니까? 구원의 가치를 모르기 때문입니
다. 아무리 귀한 것을 주어도 그것의 가치를 모르는 사람에게는 '돼
지 목에 진주 목걸이'일 뿐입니다. 설혹 백지수표를 받아도 그 가치
를 모르는 사람에게는 한낱 종잇장에 불과합니다. 백지수표를 손
에 쥐고도 그게 뭔지 모른다면 생으로 배를 곯고 남의 밥상이 부러
워 쳐다봅니다.

내가 무엇을 받았는지 모르고, 받은 것의 가치를 모르기 때문에
삶이 변하지 않습니다. 따라서 모르는 것이야말로 비극입니다. 모
르는 까닭은 단순합니다.

첫째, 주신 이가 누구인지 잘 모르기 때문입니다. 누가 주었는지에 따라 가치가 엄청나게 달라집니다. 같은 말이라도, 같은 약속이라도 누가 했는지에 따라 완전히 다른 것과 마찬가지입니다. 하나님을 하나님으로 바로 알고 믿는다면, 그분이 주신 것에 대한 생각이 전혀 달라질 것입니다. 둘째, 받음의 진정한 의미를 모르기 때문입니다. 그분이 왜 줬는지 무엇 때문에 줬는지 그 의도를 모른다는 것입니다. 셋째, 자기가 받은 것이 무엇인지를 모르기 때문입니다. 무엇인지 모르니 그것의 진정한 가치를 알 수 없습니다.

성경은 하나님이 인간을 창조하셨는데 피조물인 인간이 타락하여 원래 모습을 잃자 구원을 통해 본래 모습을 회복시키신다는 줄거리의 이야기입니다. 따라서 성경의 키워드는 구원입니다. 구원은 성경이 존재하는 이유이며 목적입니다.

성경의 맥박은 구원입니다. 반면에 세상의 맥박은 번영(prosperity)입니다. 성경을 아무리 읽고 교회를 아무리 열심히 다녀도 평소에 세상 맥박으로 뛰며 살기 때문에 하나님의 호흡과 맥박을 알지 못합니다. 번영을 원하는 마음 때문에 성경의 맥박이 내 맥박으로 잡히지 않는 것입니다.

성경에 '구원'은 신·구약 합쳐서 577번 나옵니다. 그에 비해 '번성, 번영'은 72번 나옵니다. 대부분 구약에 나오고 신약에서는 단 두 구절에서만 나옵니다. 그것도 인용할 때 사용된 것입니다. 성경의 키워드는 구원이지 우리가 그토록 갈망하는 번영이나 번성이 아니라는 증거입니다.

구원이 무엇인지 정확하게 아는 것이 무엇보다도 중요합니다. 성경이 무엇을 말하고자 하는지 그 핵심을 놓치면 다른 종교인들과 하등 다를 바가 없게 됩니다. 세상의 숱한 종교들이 추구하는 것이 바로 번영이기 때문입니다.

구원은
영적인 축복이다

사도 바울은 부활하신 예수님을 만난 뒤 눈이 멀었다가 사흘 뒤에 눈에서 비늘이 벗겨지며 다시 보는 체험을 했습니다. 비로소 진정한 구원에 눈을 뜬 것입니다. 그는 전율했고 완전히 달라졌습니다. 마치 열병에 걸린 사람처럼 살았습니다. 다시 사랑에 눈먼 사람처럼 산 것입니다. 그는 자나 깨나 앉으나 서나 온통 하나님 생각뿐이었습니다.

'내가 하나님을 몰랐었구나. 그동안 종교적인 틀에 갇혀서 예수님을 알아보지 못했구나. 내가 살았던 종교적 삶은 가짜였구나.'

진짜를 발견했기 때문에 죽음도 두렵지 않게 되었습니다. 그는 목숨을 걸고 찬송하며 고백합니다.

찬송하리로다 하나님 곧 우리 주 예수 그리스도의 아버지께서 그리스도 안에서 하늘에 속한 모든 신령한 복을 우리에게 주시되 엡 1:3

우리는 사도 바울이 쓴 에베소서를 통해 구원의 본질에 깊이 들어갈 수 있습니다. 놀라운 구원이 어디서 어떻게 시작되었고 그 목적은 무엇인지를 분명하게 알려 줍니다.

바울은 찬송으로 편지를 시작합니다. 구원받은 사람의 첫 번째 반응이 바로 찬송입니다. 찬송이란 하나님이 주신 것에 대한 감탄이요 감사요 기도입니다. 찬송이 곧 예배입니다. 구원의 감격이 흘러넘칠 때 찬송을 멈출 수 없습니다. 나 같은 죄인 살리신 주 은혜가 놀라워서 찬양하고, 그 은혜를 다 기록하려면 바닷물이 먹물이라도 모자랄 것 같아서 찬양합니다. 메마른 땅을 하루 종일 걸어가도 피곤하지 않아서 찬양하고, 날마다 독수리 날개 치듯 새 힘을 얻기에 찬양합니다. 구원받은 삶은 찬양하는 삶입니다. 찬양은 내 인생의 모든 것이 하나님에게서 시작되었다는 고백입니다. 그래서 찬양은 가장 아름다운 기도이자 기쁨과 눈물이 멈추지 않는 기도입니다.

바울은 인류의 역사란 하나님 아버지의 구속사이며 구원의 물줄기는 예수 그리스도의 강을 따라 흐른다는 사실을 목격했습니다. 그는 역사의 흐름이 모두 그리스도 안에서 흐르고 있다는 사실에 눈뜹니다. 그는 반복해서 '그리스도 안에서'를 강조합니다. 왜 그리스도 안입니까? 구원이란 그리스도 안으로 우리를 초대하는 것이기 때문입니다. 구원은 그리스도 밖에 있다가 그리스도 안으로 들어오는 것입니다. 왜 구원하셨습니까? 모든 신령한 복을 주기 위해서입니다. 신령한 복입니다. 물질적인 복이 아닙니다. 그는 자신이 얼마나 세속적이었는지를 깨달았습니다. 자신이 얼마나 세상의 것, 땅의 것에 묶여 있었는지를 봤습니다. 그는 하나님 아버지께서 우리에게 물질의 복보다 신령한 복을 주시기 원한다는 것을 알았습니다.

구원이란 영적인 축복(spiritual blessing)입니다. 영이신 하나님이 주시는 복은 하늘에 속한 신령한 복입니다. 물론 하나님은 물질의 복도 주시고 건강의 복도 주십니다. 그러나 가장 주기를 원하시는 복은 영적인 복입니다. 왜 영적인 복을 주시고자 합니까? 소통을 위해서입니다. 대화하기 위해서, 관계 회복을 위해서입니다.

그러니 번영신학은 가짜입니다. 구원의 본질이 조금 더 잘사는 것입니까? 아닙니다. 구원 안 받은 사람도 풍요롭게 살고 건강합니다. 얼짱이나 몸짱이 되어야 구원받습니까? 아니지 않습니까. 성경 전체가 구원에 관해 기록되어 있고 영적인 축복이 본질인데 곁가지를 가지고 전부인 것처럼 얘기하면 본말이 바뀐 것이지요.

구원은
택함의 사건이다

성경의 복에 대한 개념은 세상의 것과 완전히 다릅니다. 시편 1편은 복에 대해서 '악인의 꾀를 좇지 않는 것'이라고 정의합니다. '죄인의 길에 서지 않고 오만한 자의 자리에 앉지 않는 것'이 복입니다. '주야로 하나님의 말씀을 묵상하며

사는 것'이 복입니다. 또 시편 32편은 죄와 허물이 가려지는 것이
복이라고 알려 줍니다.

> [1] 여호와여 내가 주께 피하오니 나를 영원히 부끄럽게 하지 마
> 시고 주의 공의로 나를 건지소서 [2] 내게 귀를 기울여 속히 건지
> 시고 내게 견고한 바위와 구원하는 산성이 되소서 시 32:1-2

예수님은 복에 대해 뭐라고 말씀하십니까? 심령이 가난함, 애통
함, 온유함, 의에 주리고 목마름, 긍휼을 베풂, 마음이 청결함, 화평
케 함, 의를 위해 핍박을 받음 등 이 여덟 가지가 복이라고 말씀하
십니다. 세상에서는 누가 이걸 복이라고 합니까? 이건 다 세상의
복이 아니라 신령한 복입니다.

요한계시록은 "이 예언의 말씀을 읽는 자와 듣는 자와 그 가운
데에 기록한 것을 지키는 자"(계 1:3)가 복이 있다고 말합니다. 거듭
해서 "말씀을 지키는 자"(계 22:7)가 복이 있다고 말합니다.

성경은 신령한 복이 세상의 복과 얼마나 다른지를 여러 곳에서
보여 줍니다. 창세기는 복 주시는 하나님에게서 시작됩니다. 하나
님은 세상을 창조하신 후에 "번성하라. 땅에 충만하라"고 말씀하
셨습니다. 그리고 노아를 구원하시고 다시 말씀하십니다. "땅에 충
만하라. 번성하라." 그러나 하나님은 '번성하는 복'만으로 인생이
해결되지 않기 때문에 아브라함을 따로 부르셨습니다. 아브라함
을 통해 구원의 물줄기를 새롭게 흘려보내기로 하신 것입니다.

² 내가 너로 큰 민족을 이루고 네게 복을 주어 네 이름을 창대하게 하리니 너는 복이 될지라 ³ 너를 축복하는 자에게는 내가 복을 내리고 너를 저주하는 자에게는 내가 저주하리니 땅의 모든 족속이 너로 말미암아 복을 얻을 것이라 하신지라 _{창 12:2-3}

하나님은 아브라함이 복이라고 말씀하십니다. 존재 자체가 복이라는데 복에 목마르겠습니까? 더 이상 복에 목마른 사람이 되지 말라는 것입니다. 아브라함은 복의 근원이 되어 복을 유통시키는 매개체가 될 것입니다. 그래서 땅의 모든 족속이 아브라함으로 말미암아 복을 얻을 것입니다. 기억하십시오. 저와 여러분이 복을 전하는 복덩어리입니다. 말씀의 사람으로 말미암아 땅의 모든 족속이 복을 얻을 것입니다. 그들을 축복하는 자에게 하나님이 복을 주실 것이고, 그들을 저주하는 자에게 하나님이 저주하실 것입니다.

아브라함으로부터 구원의 역사를 다시 시작하시면서 하나님은 더 이상 복에 목마르지 않는 것을 인생의 새로운 출발점으로 삼으십니다. 하나님을 아버지로 부르는 삶이 복입니다. 아브라함과 마찬가지로 믿음의 삶, 말씀을 따르는 삶이 곧 축복입니다. 얼마나 놀랍습니까? 백지수표보다 낫지 않습니까? 신령한 복이란 우리를 복되게 하셨다는 것입니다. 세상이 우리 때문에 복을 받게 될 것입니다.

그런데 왜 걱정합니까? 누가 당신을 저주한다고 해도 신경 쓸 것 없습니다. 누가 핍박한다고 해도 화낼 것도 분노할 것도 없습니다. 오히려 불쌍하게 여겨야 합니다. 왜냐면 하나님께서 해결하실 것이기 때문입니다. 그래서 원수를 사랑하라고 하시는 것입니다. 오히려 원수를 불쌍히 여기고 기도해 주라는 것입니다. 이것이 구원의 목적입니다. 더 이상 목마름이 없는 사람으로서 오직 축복하는 삶, 평생 복을 전하는 삶, 일생 복을 유통하는 삶을 살라는 것입니다.

> 곧 창세 전에 그리스도 안에서 우리를 택하사 우리로 사랑 안에서 그 앞에 거룩하고 흠이 없게 하시려고 _엡 1:4_

사도 바울은 하나님께서 우리를 이미 창세전에 복 있는 자로 선택하셨다고 말합니다. 하늘과 땅을 짓기 전에 택하심이 있었습니다. 하나님의 마음과 계획 가운데 먼저 인간을 지으셨고, 그러고 나서 시간과 공간을 지어 그 안에 인간을 존재케 하셨다는 것입니다. 창세기는 땅과 하늘이 먼저 지어지고 인간이 제일 마지막에 형상을 드러낸 것으로 기록하고 있지만, 실제로는 하나님의 마음과 계획 가운데 인간이 먼저 창조되었다는 뜻입니다. 창조의 순서는 형상에 달린 것이 아니라 계획에 달린 것입니다. 이 비밀을 깨달아야 합니다. 천지가 창조되기도 전에 하나님이 인간을 마음과 계획 가운데 두셨다는 것이 구원의 출발점입니다.

> 너희가 나를 택한 것이 아니요 내가 너희를 택하여 세웠나니 이

는 너희로 가서 열매를 맺게 하고 또 너희 열매가 항상 있게 하여 내 이름으로 아버지께 무엇을 구하든지 다 받게 하려 함이라

요 15:16

구원이란 내가 하나님을 택한 것이 아니라 하나님이 나를 택하신 사건입니다. 구원은 하나님이 먼저 결정하신 일로서 전적으로 하나님에게서 시작된 일입니다. 구원이란 메말랐던 내 인생에 열매가 맺히는 일입니다. 이따금 열매 맺는 것이 아니라 사시사철 푸른 열매가 맺히는 풍성함입니다. 그리하여 예수님의 이름으로 아버지께 구하면 무엇이든지 다 받게 되는 것입니다. 예수님의 이름으로 구하면서 하나님의 뜻에 어긋나는 것을 구할 수 있습니까?

하나님은 노아를 택하셨습니다. 노아는 하나님의 은혜를 발견했습니다. 구원은 하나님의 눈에서 은혜를 발견하는 사건입니다. 하나님은 갈대아 우르에 있는 많은 사람들 가운데 아브라함을 택하셨습니다. 아들이 없는 아브라함, 노년에 더욱 쓸쓸해진 그를 불러 아들을 약속하셨습니다. 하나님은 에서가 아니라 야곱을 택하셨습니다. 믿음의 계보를 이어갈 인물로 야곱을 택한 것입니다.

신령한 복은 하나님이 먼저 택하신 데서 비롯됩니다. 인간이 인간을 선택하는 기준은 설명이 됩니다. 곰곰이 따져 보면 다 이유가 있습니다.

제가 회사 다닐 때 갑자기 사장실에서 연락이 왔습니다. 청와대 출입 기자를 할 때여서 사장님이 청와대에 볼일이 있으신가 보다

하고 갔는데 뜻밖의 말을 들었습니다.

"그동안 애썼는데 워싱턴 특파원으로 가지 않겠소?"

갑자기 심장이 쿵쾅쿵쾅 뛰었습니다. 표정을 감추느라 호흡을 가다듬어야 했습니다. 수많은 선후배들 동기생 다섯 명 가운데 내가 선택되었다는 사실에 감격했습니다. 그만큼 파격적인 결정이었습니다. 그날 밤 아내에게 이 사실을 알렸더니 아내는 대뜸 하나님께서 자기의 기도를 들어주셨다고 주장했습니다. 절에 나가는 시어머니 때문에 주일예배를 못 드리게 되자 "예배를 드릴 수 있게 해주세요" 하고 간절히 기도해 왔다는 것이었습니다. 나중에 알고 보니 당시 워싱턴 특파원이 새 정권이 들어서자 청와대 출입기자를 하고 싶다고 지원하는 바람에 자리가 비게 되어 내가 가게 된 것이었습니다.

그렇다면 아내의 기도 응답입니까? 워싱턴 특파원이라는 내 희망이 이루어진 것입니까? 인간의 선택과 결정에는 이런저런 이유가 있고 복잡한 계산이 있습니다. 하나님의 선택과 결정에는 어떤 이유가 있을까요? 하나님께도 이유가 있습니다. '우리로 사랑 안에서 그 앞에 거룩하고 흠이 없게 하시려고' 택하셨다는 것입니다. 사랑하기 때문에 우리가 거룩하기를 원하여 택하셨고, 사랑하기 때문에 우리로 흠이 없게 하시려고 택하셨다는 것입니다.

무엇 때문에 우리를 택하셨는지를 분명히 확인해야 합니다. 우리가 타락한 존재이기 때문에, 우리를 택하셔서 거룩을 회복하도록 하는 것이 목적입니다. 아들이 옷에 온갖 얼룩을 묻혔기 때문에 어머니가 옷을 빨기 위해 아들을 놀이터에서 데리고 나오듯이 그렇게 택해서 뽑아 나오셨다는 것입니다. 뭘 더 주기 위해서가 아닙니다. 어쩌면 그릇이 너무 더러워 밥을 담아 줄 수 없기에 밥그릇부터 씻어 주려고 하는 것과 마찬가지입니다.

> 그 기쁘신 뜻대로 우리를 예정하사 예수 그리스도로 말미암아
> 자기의 아들들이 되게 하셨으니 엡 1:5

하나님이 그리스도로 말미암아 우리를 자녀 삼으셨다고 합니다. 하나님의 자녀가 되다니, 이것은 백지수표와 비교도 안 됩니다. 그런데도 감동이 없습니까? 우리가 무엇 때문에 예배를 드립니까? 신령한 복 때문입니다. 하나님과 교제하고 그분 안에서 안식하고 그분 안에서 비교할 수 없는 영적인 축복을 누리겠다고 신앙생활을 하는 것 아닙니까?

하나님은 우리에게 생명을 주시기를 원합니다. 생명을 주시는 방편이 구원일진데, 그 생명이 우리 안에 들어오면 상상할 수 없는 기쁨이 샘솟기 시작할 것입니다.

하나님은 선하십니다. 하나님의 뜻은 기쁨입니다. 하나님은 우리를 지으실 계획으로 기쁨을 이기지 못하셨습니다. 우리가 다치거나 아프면 치유할 계획도 가지고 계십니다. 예수 그리스도는 그래서 병원이십니다. 그 병원에 입원하면 어떤 병이건 낫습니다.

제힘으로는 일어설 수 없는 인간, 제힘으로 수렁에서 빠져나올

수 없는 인간을 어떻게 건져 낼 것인지에 대한 하나님의 계획이 펼쳐지는 이야기가 바로 성경입니다. 아주 쉽고 단순한 얘기이지요. 그런데 왜 그렇게 어렵게 믿습니까?

하나님은 불완전을 완전케 하시는 분입니다. 하나님은 불가능이 없으십니다. 하나님은 전능하십니다. 하나님은 무에서 유를 일으키실 수도 있고, 유에서 무로 환원시키실 수도 있습니다. 눈에 보이는 모든 것들은 다 무로 돌아갈 것입니다. 그러나 인간만큼은 호흡을 불어넣어 생령이 되게 하셨고, 때가 되면 하나님께로 돌이키십니다. 무로 돌아가는 것이 아닙니다. 그 생명은 하나님께로부터 나온 것이기 때문입니다.

땅에 사는 동안 그 생명으로 어떻게 살아야 하는지를 예정하셨고 병들면 어떻게 낫게 하셨는지를 증언하는 것이 크리스천의 삶입니다. 예수 그리스도 안에서 우리가 하나님의 자녀로 살아가는 것이 하나님의 선택과 예정입니다. 어떻게 살기를 원하십니까?

> 이는 그가 사랑하시는 자 안에서 우리에게 거저 주시는 바 그의
> 은혜의 영광을 찬송하게 하려는 것이라 엡 1:6

하나님은 우리의 행위나 조건이나 헌신이나 어떤 것과도 상관없이 구원을 거저 주십니다. 하나님께서 창세전에 우리를 택하셔서 거저 주셨다는 게 구원의 본질입니다.

하나님은 아무것도
요구하지 않으신다

하나님은 우리에게 원하시는 것이 아무것도 없습니다. 하나님의 목적은 하나입니다. 아들 예수로 말미암아 회복된 은혜의 영광을 찬송 받는 것으로 만족하십니다. 찬송은 감사의 표현입니다. 이것이 구원입니다. 하나님은 내게 다 주셨는데 나는 하나님께 해드릴 게 아무것도 없다는 것을 깨닫는 것입니다. 하나님이 내게 모든 것을 주셨습니다. 내가 가진 것 중 어느 하나도 나로부터 온 것이 없기에 내 것 가운데 하나님께 드릴 것은 아무 것도 없습니다.

종교는 끊임없이 요구합니다. 가장 천박한 종교는 돈을 요구하고, 조금 나은 종교는 헌신을 요구합니다. 가장 교묘한 종교가 생명을 요구합니다. 그러나 그리스도 예수를 통해서 모든 것을 주신 하나님은 아무것도 요구하지 않으십니다. 그저 모든 것을 아낌없이 주십니다. 예수님이 십자가에서 선언하신 "다 이루었다"라는 말씀이 바로 이런 맥락입니다.

인간이 갖고 온 것을 하나님이 어디에 쓰겠습니까? 땅의 것은 오직 땅에서 쓸 수 있을 뿐입니다. 하나님께 가져갈 수 있는 것은 오직 감사와 찬송과 예배입니다. 이게 다 마음입니다. 그 마음 없이 드리는 것은 아무 소용없습니다. 마음이 없다면 가진 것을 다 드려도 내게 아무 유익이 없고, 몸을 불살라 드려도 아무 소용이 없습니다. 다 가인의 제물일 뿐입니다. 바울이 그 이야기를 데살로니가 성도들에게도 전해 줍니다.

> 주께서 사랑하시는 형제들아 우리가 항상 너희에 관하여 마땅
> 히 하나님께 감사할 것은 하나님이 처음부터 너희를 택하사 성
> 령의 거룩하게 하심과 진리를 믿음으로 구원을 받게 하심이니
>
> 살후 2:13

하나님께 감사하십시오. 하나님은 처음부터 우리를 택하셨고 성령으로 거룩하게 하십니다. 성령은 예수 그리스도라는 병원에서 퇴원할 때 예수님이 주시는 선물입니다. 성령님과 함께하면 다시 입원하지 않아도 될 수 있도록 하신 것입니다. 그분이 날마다 깨끗하게 하십니다. 그래서 변합니다. 얼굴이 변하고 성품이 변합니다. 사람들이 어떻게 해서 그렇게 좋아졌느냐고 묻습니다. 예수님 때문이라고 대답하는 것이 간증이고 전도이고 찬송입니다.

예수님을 믿고 회복될 수 있도록 우리를 택하셨다는 것이 성경에서 말하는 비밀입니다. 모든 능력이 예수님께 있다는 것이 비밀입니다. 다 아는 비밀인데 그걸 믿는 사람들과 믿지 않는 사람들로 나뉠 뿐입니다. 정말 믿는지, 믿지 않으면서 믿는 체하는지는 변화를 통해서 다 알 수 있습니다. 또한 그 모든 변화는 열매를 통해서 드러납니다.

하나님께서 당신을 택하셨다는 것을 누구나 알 수 있게 하십시오. 그래야 크리스천이고 제대로 택함 받은 사람입니다. 택하기로

예정하셨지만 정작 택함을 받은 사람은 많지 않습니다. 잔치에 초청해 주셨는데 예복을 입고 잔치에 참여하는 사람은 많지 않습니다. 잔치는 초대로 시작되고 초대는 선택으로 시작됩니다. 선택에 감사하고 초대에 응답하십시오. 진정 택함을 받는다는 것은 초대에 응답하는 것이고, 말씀에 반응하는 것이고, 말씀대로 사는 것입니다.

구원은 하나님 아버지의 일방적인 사랑이고 택하심입니다. 왜 하필 당신입니까? 택함을 받았다는 것은 이유를 알 수 없는 아버지의 사랑에 눈뜨는 것이고, 그 감격이 사라지지 않는 경험입니다. 하나님께서 먼저 당신을 택하셨습니다. 그래서 구원입니다. 그 사실이 구원입니다.

WHY

SALVATION

부르심

≋≋≋

아, 하나님이 나의 이름을
불러주셨다.

　　　　　　구원은 언제 시작되었습니까? 창세전
부터입니다. 이 땅에서 쓰고 있는 물건 하나조차도 그 실체가 드
러나기 전에 이미 누군가의 머릿속에 아이디어로 먼저 존재했습
니다. 우리가 잠시 쓰다 버리거나 바꾸는 물건이 만들어진 과정이
그러하다면, 이 세상과 사람이 존재하기 위해서는 얼마나 깊은 생
각과 섬세한 계획이 필요하겠습니까? 또 얼마나 오랜 시간이 필요
하겠습니까? 그러나 인간의 시간으로 측정할 수 없기에 우리는 그
시간을 하늘의 시간이라고 부릅니다. 인간의 존재는 그래서 땅의
시간, 땅의 생각만으로는 추측할 수 없습니다. 하나님은 유독 인
간만을 땅의 시간이 끝난 후 영원한 시간 속으로 초대하셨습니다.

특별한 은혜입니다.

이 은혜의 사건이 택하심이고 은혜를 망각한 인간을 일깨우는 사건이 부르심입니다. 그러므로 부르심은 택하심과 함께 구원의 본질입니다. 부르심이란 우리가 어디서 왔는지를 알려 주시는 하나님의 음성이고 우리가 어디로 가야 하는지를 보여 주시는 하나님의 사인입니다.

하나님이 사람을 어떻게 택하시고 구원을 이루어 가기 위해서 누구를 먼저 부르셨는가를 기억해야 합니다. 하나님은 구원의 섭리를 이루어 가기 위해 한 사람, 아브라함을 부르셨습니다. 그는 갈 바를 알지 못하고 길을 떠났다고 성경은 기록합니다.

> 믿음으로 아브라함은 부르심을 받았을 때에 순종하여 장래의 유업으로 받을 땅에 나아갈새 갈 바를 알지 못하고 나아갔으며
>
> 히 11:8

아브라함이 믿음으로 부르심을 받았다고 했습니다. 부르심은 어떻게 받습니까? 믿음으로 받습니다. 갈 바를 모르고 어디로 가야 하는지도 모르지만 '아! 하나님이 부르셨구나' 하고 분명한 부르심을 듣게 된다는 것입니다.

하나님이 아브라함을 부르셨고, 아브라함은 하나님의 부르심을 받았습니다. 하나님 편에서 보면 구원은 택한 사람을 부르신 것이고, 사람 편에서 보면 구원이란 그 부르심에 응답하는 것입니다.

아놀드 토인비(Arnold Toynbee)에 따르면 인간의 역사는 도전과 응전의 이야기입니다. 이것을 성경적 관점에서 보면 인류 역사는 하나님의 부르심과 인간의 응답 이야기라고 할 수 있습니다. 이 이야기가 곧 구원 이야기입니다. 하나님이 사람을 부르시지 않았다면 구원은 있을 수 없는 이야기입니다.

아브라함 이전에는 하나님께서 부르신 사람이 없습니까? 있습니다. 처음 부르심을 받은 사람은 아담이었습니다. 하나님의 뜻을 거스른 아담이 두려움에 몸을 가리고 숨었을 때 하나님이 부르셨습니다.

"아담아, 네가 어디 있느냐?"

하나님께서 아담이 어디 있는지 모르셔서 부르셨을까요? 아담이 무엇 때문에 숨었는지 하나님이 모르셨겠습니까? 아담에게 벌을 주든지 고쳐 놓든지 아니면 회복시키든지 무슨 대책이 있기 때문에 부르셨다는 것입니다. 하나님은 대책 없이 부르시는 분이 아닙니다.

구원은 부르심에 응답하는 것이다

하나님이 부르신다는 것은 곧 구원하겠다는 의지를 드러내신 것입니다. 하나님의 이 분명한 의도를 모르기 때문에 사람들은 두려워하고 숨어 버리고 도망칩니다. 하나님이 부르시는데도 불구하고 그 부르심을 못 들은 체하는 사람들이 있습니다. 또 자기 눈에 좋아 보이지 않고, 자기 생각에 비춰 볼 때 쉽게 동의할 수 없다는 이유로 그 부르심을 대수롭지 않게 여기는 사람들도 많습니다.

하나님은 인간의 역사 속에 들어와 쉬지 않고 인간을 추격하시기 시작했습니다. 하나님의 부르심에 응답하는 것, 하나님의 추격에 붙들리는 것이 구원입니다.

> 그러나 너희는 택하신 족속이요 왕 같은 제사장들이요 거룩한 나라요 그의 소유가 된 백성이니 이는 너희를 어두운 데서 불러 내어 그의 기이한 빛에 들어가게 하신 이의 아름다운 덕을 선포 하게 하려 하심이라 벧전 2:9

베드로전서는 고난받는 백성에게 구원의 분명한 의미를 알려 주고, 고난 가운데서도 소망을 잃지 않고 그 구원을 분명히 지키고 누리게 하고자 하는 의도가 담긴 편지입니다. 특히 2장 말씀은 하나님이 왜 부르시는지, 왜 포기하지 않고 집요하게 추격하시는지 그 이유를 알려 줍니다.

왜 부르셨습니까? 택하셨기 때문입니다. "하나님께서 먼저 우리를 택하셨다." 이것이 구원의 시작 아닙니까? 구원은 나로부터 시작되지 않습니다. 하나님으로부터 시작되는데, 하나님께서 먼저 택하셨다는 것입니다. 그것도 왕 같은 제사장으로 택하셨습니다.

하나님 나라를 위해 당신을 택하셨고, 당신은 하나님 나라의 백성이 되었습니다. 하나님께서 택하신 백성이 하나님 나라에 거하지 않고 어두운 곳에 숨었기 때문에 하나님은 추격하고 부르신다는 것입니다.

부르심이란 어두운 곳에 있는 사람을 밝은 곳으로 불러내는 사건입니다. 마치 어두컴컴한 게임방에 있는 아들을 어머니가 불러내는 것과 같고, 어둡고 침침하고 담배 연기 자욱한 노름방 밖에서 아내가 나오라고 남편을 부르는 것과 같습니다. 밖은 공기가 신선하고 환한 대낮입니다.

많은 사람들이 부르심을 흘려듣습니다. 들어도 못 들은 체하고 귀찮게 여깁니다. TV 드라마를 재밌게 보고 있는데 누가 부르면 성가십니다. 그때는 전화벨이 울려도 무시합니다. 지금 있는 곳이 너무 재미있어서 하나님의 부르심에 당장 대답하지 않아도 괜찮다고 여깁니다.

그러나 하나님께서 부르시는 이유와 목적을 바로 알면 대답하지 않을 수 있겠습니까? 불이 났다고 칩시다. 배가 지금 침몰하고 있다고 합시다. 당장 나오라고 부르는데 주저하겠습니까? 어둠에서 불러내어 밝고 환하며 아름답고 신비한 빛 가운데로 데려간다는데 왜 안 따라가겠습니까? 구원이란 '어둠에서 빛으로' 옮겨 가는 것입니다. 그렇게 옮겨 주신 분이 나의 아버지라는 고백이 반드시 뒤따르게 됩니다.

사람이 부를 때는 조심해야 합니다. 사람이 초대할 때는 신중하게 분별해야 합니다. 사람은 때로 밝은 곳에 있는 사람을 어두운 곳으로 부르기 때문입니다. 잘살고 있는 사람을 악의 수렁으로 밀어넣는 일이 다반사이기 때문입니다. 도움을 줄 것처럼 부르지만 진심이 아닙니다. 한국처럼 TV에 대출광고가 많은 나라가 없다고 합니다. 마치 돈을 거저 줄 것처럼 광고합니다. 그러나 대출의 부름에 섣불리 응답했다가 연체의 늪에 빠지면 제힘으로 빠져나오지 못합니다. 언론에 보도되는 사건들을 보십시오. 속임수가 얼마나 지능적이고 다양합니까?

도와달라는 부름에도 선뜻 손을 내밀기가 어려운 세상입니다. 도와달라는 아이를 따라갔다가 장기 밀매 조직에 넘겨지는 경우도 있고, 힘든 사람을 도와주다가 오히려 해를 당하기도 합니다. 이게 사람 사는 세상입니까?

빛 가운데 분별할 수 있어야 문제가 없습니다. 하나님은 "내 길은 너희의 길보다 높으며 내 생각은 너희의 생각보다 높음이니라"(사 55:9)고 말씀하십니다. 내 길보다 하나님의 길이 높습니다. 내 생각보다 하나님의 생각이 높습니다. 더 높은 곳으로 가고 싶다면 내 길, 내 생각을 버려야 합니다. 부르는 사람을 따라가면 그 사람이 기준이 됩니다. 사람이 불러서 그 사람을 따라가면 기껏해야 그 사람 수준이 됩니다. 사람을 따라가면 사람 수준이고, 사람한테 묶이면 사람보다 못해집니다.

부르심에 따라가는 것이
응답이다

사람이 사람다워지려면 말씀을 따라가야 합니다. 사람이 하나님의 형상을 회복하려면 먼저 하나님의 말씀을 들어야 합니다. 세상을 제대로 알기 위해서도 먼저 하나님의 말씀을 읽어야 합니다. 높은 기준을 가지고 봐야 세상의 낮은 기준이 보이기 때문입니다. 하나님은 인간의 모든 생각이 헛됨을 아십니다. 만물보다 부패한 것이 인간의 마음이라는 것을 아십니다.

하나님의 길과 사람의 길은 엇갈리게 되어 있습니다. 하나님은 하나님의 길로 우리를 부르십니다. 믿음이 있으면 '내 길이 틀렸다. 내 생각이 틀렸다' 하고 자신을 내려놓게 마련입니다. 그렇지 않고 끊임없이 자신을 기준으로 삼으면 아무리 오래 믿었어도 그 삶이 달라지지 않습니다. 자기 수준에 머물 뿐입니다.

부르심의 목적은 단 한 가지뿐입니다. 구원입니다. 진정한 도움은 오직 하나님에게서 오는 것입니다. 사람을 쳐다보고 사람을 바라보던 눈을 돌려 하나님만 바라는 것이 구원의 시작이고 예배의 시작입니다.

> ¹ 내가 산을 향하여 눈을 들리라 나의 도움이 어디서 올까 ² 나의 도움은 천지를 지으신 여호와에게서로다 시 121:1-2

하나님의 도움은 오직 구원을 위한 것이고, 이 구원이야말로 가장 극적인 신분의 변화입니다. 이전과 이후가 확연히 구분되는 사건입니다. 전에는 호적이 없더니 이제 호적이 생기는 사건입니다. 구원은 알고 보면 호적 정리하는 것입니다. 호적이 없다는 것은 부모가 누군지 모른다는 뜻입니다. 많은 종교를 섭렵하는 사람들이 있습니다. 이 종교, 저 종교를 기웃거리며 마음을 정하지 못하는 사람들이 있습니다. 어쩌면 불신자들과 다름없이 불안할 것입니다. 많이 아는데 평안이 없고, 머리는 큰데 가슴이 서늘합니다. 사람을 많이 만나는데 기쁨이 없습니다. 오라는 사람도 많고 찾아오는 사람이 많아도 마음을 터놓을 사람이 없습니다. 그런데 하나님의 부르심에 응답함으로써 비로소 호적을 얻는 것입니다. 이제 아버지가 누구인지, 내 형제 자매가 누구인지 분명히 알게 됩니다.

> 너희가 전에는 백성이 아니더니 이제는 하나님의 백성이요 전에는 긍휼을 얻지 못하였더니 이제는 긍휼을 얻은 자니라 벧전 2:10

호적이 정리되면 마음이 달라집니다. 예전에는 방치된 느낌이 있었는데 더 이상 외면당하는 느낌이 들지 않습니다. 안심이 되고 전에 알지 못했던 기쁨을 맛봅니다. 우리가 부르심에 순종하면 하나님께서 하나님의 백성으로 삼아 주십니다. 뭔가를 해서가 아닙니다. 무슨 자격이 있어서도 아닙니다. 하나님께서 먼저 택하고 부르셨기 때문입니다. 우리가 한 일이라고는 부르실 때 그저 "네"라고 응답한 것밖에는 없습니다. 하나님을 하나님으로 인정하고 하나님을 아버지라고 불렀더니 그때부터 우리가 상상하지 못했던 일들이 시작되는 것이 놀라운 신앙의 세계입니다.

별로 애쓴 것이 없는 것 같은데 뭔가 문이 열리기 시작하고 새로운 일이 펼쳐집니다. 하나님이 당신의 자녀들에게 까닭 없이 긍휼을 베풀기 때문입니다. 부르심은 하나님의 긍휼 덕분입니다. 긍휼이란 하나님이 우리한테 얻을 게 있어서 부르시는 것이 아니란 뜻입니다. 이것이 사람의 부름과 다른 점입니다. 사람들은 우리한테 얻을 게 있어야 부르고 찾습니다. 사람들이 우리를 부르는 까닭은 무엇인가를 요구하기 위함입니다. 나를 부르는 그 사람들을 따라가 봐야 대개는 헛수고입니다.

저도 그냥 사람이 좋아 사람들을 따라가던 때가 있었습니다. 중학교 때 친구를 하도 따라다니니까 할머니가 "너는 부모를 팔아서 노자를 삼아 친구 따라갈 놈이구나" 하고 말씀하실 정도였습니다. 친구가 약 값이 없다고 해서 어머니의 금비녀를 몰래 팔아서 돈을 만들어 주기도 했습니다. 매일같이 친구들과 어울려 술독에 빠지다시피 지내기도 했습니다. "떨어지는 칼과 타락하는 친구는 붙들지 말라"는 말이 있습니다. 친구의 부름에 일일이 응답하다가 아주 오랫동안 허랑방탕한 시간을 보냈습니다.

긍휼을 얻는다는 것은 하나님께서 불쌍히 여기신다는 뜻입니다. 구원이란 하나님이 사람을 불쌍히 여기시는 사건이며, 불쌍히 여기셔서 자비를 베풀어 주신 사건입니다. 사실 그렇게까지 하실 이유가 없습니다. 그렇게 하지 않아도 하나님이 비난 받을 일이 아닙니다. 하나님을 거부하는 사람들은 왜 세상이 이렇게 악한가 묻습니다. 그리고 왜 하나님이 악을 허용하느냐고 따집니다. 하나님이 악을 만연케 하는 원인입니까? 아니잖습니까? 오히려 하나님 때문에 악이 이 정도로 통제되고 있다는 것을 모르기 때문에 하나님을 원망하는 것 아닙니까? 사실 인류가 그동안 저지른 악과 범죄에 비하면 인간이 겪는 고통은 상대적으로 더 가벼운 것 아닙니까? 하나님이 날마다 분노하시는 것에 비한다면 인간이 겪는 고통과 고난은 상대적으로 작다는 반론이 오히려 설득력 있는 것 아닙니까?

인간이 구해야 할 것은 하나님의 긍휼과 자비입니다. 불쌍히 여겨 달라는 것입니다. 기도 중에 가장 간절한 기도는 불쌍히 여겨 주시도록 매달리는 것입니다. 불쌍한 생각이 들면 없는 것도 주고 싶고 용서 못할 일도 용서해 주고 싶습니다. 애절한 생각이 들면 내게 있는 모든 것을 다 주고 싶지요. 하나님께서 우리를 부르신 이유와 목적은 바로 그 때문입니다. 불쌍해서 부르시고 주기 위해서 부르십니다.

그러나 만약 하나님이 우리에게서 무엇인가를 빼앗아 간다 해도 하나님이 옳으시다는 것을 믿어야 합니다. 내가 보기에는 부당하다는 생각이 들지라도 내가 옳은 것이 아니라 하나님이 옳다는 쪽으로 생각의 기준을 옮겨야 합니다. 왜입니까? 하나님의 부르심은 실수가 없기 때문입니다. 우리 눈에는 마치 하나님이 실수하시는 것 같아 보일지라도 우리가 틀렸습니다.

여호와께서는 사람의 생각이 허무함을 아시느니라 ^{시 94:11}

하나님이 아브라함을 부르신 이후에 언약 백성, 즉 약속의 후손들을 계속해서 부르십니다. 하나님의 부르심은 하나님께로 오라는 부르심이고 이 부르심이 곧 구원입니다. 하나님이 우리에게 긍휼을 베푸시면 감사가 시냇물처럼 졸졸 흘러넘칩니다. 결코 야단스럽지 않습니다. 바울이 이 부르심을 묵상하다가 하나님의 뜻을 깨달았습니다.

> ³⁰ 또 미리 정하신 그들을 또한 부르시고 부르신 그들을 또한 의롭다 하시고 의롭다 하신 그들을 또한 영화롭게 하셨느니라 ³¹ 그런즉 이 일에 대하여 우리가 무슨 말 하리요 만일 하나님이 우리를 위하시면 누가 우리를 대적하리요 ³² 자기 아들을 아끼지 아니하시고 우리 모든 사람을 위하여 내주신 이가 어찌 그 아들과 함께 모든 것을 우리에게 주시지 아니하겠느냐 ^{롬 8:30-32}

하나님은 부르심에 믿음으로 응답하는 사람을 의롭다고 하십니다. 누가 의롭습니까? 세상에 누가 정의롭습니까? 우리는 혼란스러울 때가 많습니다. 정의롭다고 믿었는데 나중에 불의한 정체가 드러나는 사람이 많습니다. 좋은 일을 한다고 소문이 났는데 알고 보니 속이 시커먼 사람들이 많습니다. 목소리가 하도 커서 정의로운 사람인가 했더니 더 악한 사람이라는 사실이 밝혀지는 일이 얼마나 많습니까?

사도 바울이 분명하게 알려 줍니다. 하나님이 부르실 때 주저하지 않고 달려가는 사람이 의로운 사람입니다. 바울이 회심하기 전에는 사람들이 부르는 곳을 따라다녔습니다. 유명한 랍비의 부름을 따라갔고, 스데반을 죽이자는 사람들의 부름을 따라갔고, 크리스천들을 체포하라는 부름에 열심을 다해 따랐습니다. 그러나 그 모든 게 하나님을 대적하는 일이라는 것을 깨달았습니다.

따르는 길은
외롭지만 충만하다

열심과 열정이 언제나 옳은 것은 아닙니다. 열심히 사는 모습은 때로 아름답습니다. 열정적인 사람은 매력적입니다. 그러나 무엇을 위한 열심인지 왜 열정적인지가 더 중요합니다. 악한 일에 열심인 사람들이 너무나 많습니다. 그런 열심은 나중에 보면 손해입니다.

그래서 열심을 내기 전에 먼저 부르심을 확인해야 합니다. 누가 부르는 일인가를 분별해 열심을 다할지를 결정해야 합니다. 바울은 예수님을 만나기 전에도 열심이었고 예수님을 만난 후에도 열심을 냈습니다. 그러나 그 열심의 결과는 반대입니다. 예수님을 만나기 전에는 열심으로 사람을 죽였고 예수님을 만난 이후에는 열심을 다해 사람을 살렸습니다. 모세도 그랬습니다. 하나님을 만나기 전에는 열심으로 살인을 했고, 하나님을 만난 후에는 열심으로 이스라엘 백성들을 살려 내 가나안으로 인도했습니다. 사람들에게 해를 끼치는 열정이 있고, 사람들에게 유익을 주는 열정이 있습니다. 당신은 무엇을 위해 열심을 냅니까?

문제는 세상을 살아갈 때 사람의 부름에 열심을 다하는 것이 지극히 위태롭다는 것입니다. 누군가의 부름에 열심을 다할 때 다른 사람들은 그 열심을 편을 가르는 기준으로 삼기 때문입니다. "저 사람은 저쪽 편이구나" 하고 판단합니다. 세상은 진리를 기준으로 삼지 않습니다. 이익이 기준입니다. 깊은 속을 들여다보면 내 이익에 따라 편을 택하고 충성을 다합니다. 이익에 따라 편을 바꾸기도 하지요. 그런데도 이익을 따라 행동하지 않는다고 스스로 굳게 믿고 착각하는 사람들이 있습니다. 그러나 자기 자신만 모를 뿐 다른 사람들은 그 사람이 이익을 따라 살고 있다는 것을 훤하게 알고 있습니다.

베드로는 부르심을 듣고 따라가는 데 필요한 원칙을 제시합니다. 아마도 베드로 자신이 수없이 넘어지고 다시 일어서면서 스스로 터득한 기준일 것입니다. 그는 어느 순간부터 예수님만 따르기로 결단했습니다.

> 사랑하는 자들아 거류민과 나그네 같은 너희를 권하노니 영혼을 거슬러 싸우는 육체의 정욕을 제어하라 벧전 2:11

먼저 베드로는 구원받은 백성들이 이 땅에서는 거류민과 나그네 같이 사는 사람들이라는 사실을 일깨워 줍니다. 우리는 구원받고 세상에서 주인 노릇을 하고 싶어 합니다. 하나님이 아버지가 되셨으니 이제 상속자가 된 것이고, 그러면 세상을 다 유산으로 받아야 하는 것 아닙니까? 무엇이든지 구하면 다 주겠다고 약속하지 않으셨습니까? 많은 사람들이 이렇게 생각하기 쉽습니다. 베드로도 예수님을 따르기 시작했을 때는 아마 그런 마음이었을 것입니다. 예수님의 기적과 능력을 보면서 더욱 그랬을 것입니다. 다른 제자들도 마찬가지였을 것입니다. 그러니 제자들끼리 누가 더 큰가 다투기도 했겠지요. 예수님이 예루살렘에 입성하여 왕위에 앉으시면 누가 예수님의 오른편과 왼편에 앉을 것인지를 속으로 헤아렸던 것입니다.

그러나 베드로가 분명하게 말합니다. 구원받은 사람들은 이 땅에서 마치 나그네처럼 사는 존재라는 것입니다. 본향을 그리워하는 사람들처럼 살아가는 것입니다. 그러니 잠시 사는 곳에서 너무 욕심낼 필요가 없습니다. 오래 여행하는 사람은 짐이 단출합니다. 외국인들은 곧 다시 돌아갈 생각에 집도 안 사고 세를 들어 삽니다. 여행객처럼 살면 이 땅에서 자유롭습니다. 굳이 사람한테 목을 매지 않아도 됩니다. 사람으로부터 자유로워지는 것이 중요합니다. 이게 빛 가운데 걸어가는 것입니다. 사람들의 기준이 자기 삶을 지배하지 못하도록 해야 합니다.

제가 아는 어떤 사모님은 누가 다른 사람을 험담하기 시작하면 슬그머니 화장실로 간답니다. 그 사람의 말을 듣고 싶지 않아서입니다. 지혜롭습니다. 왜 그렇게 행동합니까? 그런 것들에 묶이고 싶지 않기 때문입니다. 사람들의 헛된 생각과 말에 묶이지 않겠다는 것입니다. 사람의 생각과 말에 묶이지 않으면 삶이 놀랍게 변합니다.

그런 삶을 지속하기 위해서는 영혼을 거스르는 육체의 정욕과 싸워야 합니다. 육신의 소욕과 성령의 소욕이 늘 충돌하기 때문입니다. 주님께 부르심을 받은 사람은 날마다 투쟁하는 삶을 삽니다. 사람들과 싸우는 게 아니라 자기 자신의 정욕과 싸우는 것입니다. 어떻게 하면 자기 자신을 이길 수 있는지가 무엇보다 큰 관심거리입니다. 이런 싸움을 통해 자기도 모르게 삶이 날로 업그레이드됩니다.

구원받은 삶은 변해 가는 삶입니다. 구원받은 사람의 인생이 어떻게 바뀌는지 보고 깜짝깜짝 놀랄 때가 있습니다. 자기 생각의 기준을 버리고 말씀을 기준으로 살기로 결심하고 날마다 스스로를 쳐서 복종케 하는 삶을 살기 시작했기 때문에 그 변화는 감출수가 없습니다. 자신의 욕망과 정욕대로 살지 않고 말씀을 기준으로 살아가는 것이야말로 진실로 빛 가운데로 걸어가는 삶입니다.

그렇게 결단하고 살아갈 때 하나님이 우리를 어떻게 인도하십니까?

너희가 이방인 중에서 행실을 선하게 가져 너희를 악행한다고

비방하는 자들로 하여금 너희 선한 일을 보고 오시는 날에 하나
님께 영광을 돌리게 하려 함이라 벧전 2:12

부르심을 받은 사람들은 어디서 살건 주목을 받게 마련입니다.
세상 사람들과 다르기 때문입니다. 다름을 틀림으로 여기는 경우
가 많습니다. 그래서 부르심을 받고 삶을 변화시켜 나아갈 때, 사
람들은 왜 그렇게 사느냐고 묻습니다. 왜 당신만 유난스럽게 그렇
게 고집을 부리느냐고 핀잔합니다. 사람들은 옳고 그름을 가지고
분별하기보다는 다수냐 소수냐를 기준으로 판단하고 행동합니다.
심지어 교통신호보다는 다른 차들이 어떻게 움직이느냐에 따라
가고 서는 것을 결정하기도 합니다. 다른 차들이 다 움직이는데도
빨간불에 멈춰 서 있으면 손가락질을 합니다. 경적을 울려 대며
다들 가는데 왜 당신만 서 있느냐고 욕합니다.

구원받았다는 것은 우리를 구원하신 분이 드러나는 삶을 살기
시작했다는 뜻입니다. 세상으로부터 비난을 받을지라도 말씀이
가르치는 선한 행실로 바른 기준을 지킬 때 하나님의 영광이 드러
나게 될 것입니다. 하나님은 하나님을 드러낼 사람들을 계속해서
부르십니다.

부르심으로
꽃이 된다

하나님께서 부르시면 우리는 어디로
가야 합니까? 우리는 어디로 가야 하는지 장소에 관심이 많습니
다. "선교지로 가야 할까요, 아니면 이곳이 나의 선교지입니까?"
묻고 또 묻습니다. 그러나 하나님께서 우리를 부르시면 가장 먼저
이끄시는 곳이 예수님 앞입니다.

> 너희를 불러 그의 아들 예수 그리스도 우리 주와 더불어 교제하
> 게 하시는 하나님은 미쁘시도다 형제들아 내가 우리 주 예수 그
> 리스도의 이름으로 너희를 권하노니 모두가 같은 말을 하고 너
> 희 가운데 분쟁이 없이 같은 마음과 같은 뜻으로 온전히 합하라
>
> 고전 1:9-10

하나님은 먼저 "내 아들과 좀 사귀어 보라"고 부르십니다. 예수
님과 시간을 보내는 것부터 시작하라는 것입니다. 예수님과 교제
할 때 제일 먼저 달라지는 현상이 있습니다. 모두가 같은 말을 하
기 시작하는 것입니다. 모두가 같은 말을 한다는 것은 소통이 이
루어지기 시작한다는 뜻입니다. 말이 통해야 공동체를 이룰 수 있
습니다. 교회의 어원이 되는 헬라어 에클레시아(ἐκκλησίᾳ)는 '불러낸
사람들'이라는 뜻입니다. 즉 에클레시아란 '같은 말(common language)
을 하는 공동체(community)'를 가리킵니다. 이 공동체에서 성찬

(communion)의 교제를 나눕니다. 이런 과정을 통해 분쟁과 다툼이 사라지고 한마음과 한 믿음으로 하나가 되는 하나님 나라가 이루어지는 것입니다.

그래서 예수님은 제자들을 먼저 부르셨습니다. 이 부르심이야말로 예수님이 누구이신지를 분명히 보여 주신 사건입니다. 예수님의 공생애는 세례를 받은 뒤 마귀의 유혹을 겪는 일부터 시작되었습니다. 그리고 "회개하라. 천국이 가까웠다"는 첫 선포를 시작으로 복음을 증거하기 위해, 또한 이 메시지를 온 세상에 전파하기 위해 제자들을 부르셨습니다. 제자들에게 사명을 위임하기 전에 먼저 교제하시고 친구가 되신 것입니다.

> [18] 갈릴리 해변에 다니시다가 두 형제 곧 베드로라 하는 시몬과 그의 형제 안드레가 바다에 그물 던지는 것을 보시니 그들은 어부라 [19] 말씀하시되 나를 따라오라 내가 너희를 사람을 낚는 어부가 되게 하리라 하시니 [20] 그들이 곧 그물을 버려 두고 예수를 따르니라 [21] 거기서 더 가시다가 다른 두 형제 곧 세베대의 아들 야고보와 그의 형제 요한이 그의 아버지 세베대와 함께 배에서 그물 깁는 것을 보시고 부르시니 [22] 그들이 곧 배와 아버지를 버려 두고 예수를 따르니라 마 4:18-22

예수님이 부르시자 그들은 그물과 배를 버리고 따랐습니다. 심지어 아버지까지 버려 두었습니다. 마태는 하나님께서도 예수님을 부르셨다는 것을 강조합니다.

> ¹⁴ 요셉이 일어나서 밤에 아기와 그의 어머니를 데리고 애굽으
> 로 떠나가 ¹⁵ 헤롯이 죽기까지 거기 있었으니 이는 주께서 선지
> 자를 통하여 말씀하신 바 애굽으로부터 내 아들을 불렀다 함을
> 이루려 하심이라 마 2:14-15

헤롯을 피해 애굽으로 피신했다가 돌아온 것을 하나님께서 내 아들을 애굽에서 불러내셨다는 말씀을 이루기 위한 사건이라고 기록합니다. 하나님의 구원은 부르심의 연속입니다. 먼저 부르심을 받았다는 것은 또 다른 누군가를 부르기 위한 하나님의 계획입니다. 그래서 구원받은 사람들은 이 부르심에 대한 자각 때문에 자리를 떨치고 일어납니다. 우리는 마지막 부르심의 자리, 곧 어린 양의 혼인잔치에까지 부르심을 받고 참석하게 될 것입니다.

> 천사가 내게 말하기를 기록하라 어린 양의 혼인 잔치에 청함을
> 받은 자들은 복이 있도다 하고 또 내게 말하되 이것은 하나님의
> 참되신 말씀이라 하기로 계 19:9

하나님의 부르심에 응답하면 하나님의 은혜를 경험합니다. 나는 신학교를 다닐 때에 돈 한 푼 안 벌었지만 하나님께서 채워 주시는 것을 경험했습니다. 정말 자녀들을 굶겨 죽이지 않으신다는

것을 알았습니다. 구원이란 부르심에 응답하는 사건입니다. 나는 그냥 "네" 하고 대답했을 뿐 특별히 한 게 없습니다. 목사님이 자꾸 영접기도를 하라고 해서 따라한 것밖에 없는데, 내 삶에 놀라운 변화가 일어났습니다. 내가 의도한 변화입니까? 내가 예상한 변화입니까? 내가 목적으로 삼은 변화입니까? 아닙니다.

하나님께서 나를 불쌍히 여기셔서 베푸신 은혜일 뿐입니다. 내가 한 것이 하나도 없습니다. 하나님께서는 조건 없이 연약한 자, 희망 없는 자부터 부르셨습니다.

김춘수 시인의 〈꽃〉이라는 시를 아십니까? 이 시처럼 모든 존재가 꽃과 같지 않습니까? 사람이라면 누구나 '잊히지 않는 하나의 눈짓, 하나의 몸짓'이 되고 싶어 합니다. 그러나 하나님께서 이름을 부르실 때까지는 애절한 눈짓, 고통스러운 몸짓으로 살아가야 하는 존재입니다. 하나님께서 각각 이름을 불러 주실 때 비로소 우리는 하나님의 사람이 됩니다. 눈짓 하나, 몸짓 하나가 비할 수 없이 아름답고 신비한 영원의 사람이 될 것입니다.

하나님이 "정민아" 하고 부르시는 순간 나는 완전히 달라졌습니다. 사람들의 인정과 사랑을 받고자 하던 몸짓이, 갈망과 갈구의 몸짓이 하나님의 사랑과 은혜를 흘려보내는 놀라운 은혜의 몸짓으로 바뀌었습니다.

"하나님이 나의 이름을 불러 주셨다."

"나는 더 이상 의미 없는 몸짓과 눈짓으로 살지 않겠다."

"하나님이 나와 함께하시기 때문에 이제부터 나의 모든 삶은 하나님 안에서 하나님의 은혜를 증거하게 될 것이다."

다짐하고 또 다짐하십시오. 이것이 바로 크리스천의 정체성입니다. 그리고 기억하십시오. 구원은 부르심입니다. 구원은 부르심에 대한 응답입니다. 그 응답의 결과 우리는 평안과 은혜, 믿음과 소망, 기쁨과 생명, 그 모든 것들이 날마다 자기의 삶 속에 쏟아지는 것을 경험하게 될 것입니다.

WHY

SALVATION

4
chapter

돌이킴

~~~~~~~~

'내가 예수를 믿으면 어떻게 믿는지 보여 주겠다.
나는 하루아침에 변할 수 있다는 걸 보여 주겠다.'
내 중심을 들여다보고 나서 나는 다시 통곡하기 시작했습니다.

사람들은 자기가 무엇을 원하는지 잘 알고 있다고 생각합니다. 자신의 욕망에는 타당한 이유가 있다고 믿기도 합니다. 그러나 정말로 자기 자신을 잘 압니까? 정말로 자신의 욕망에 타당한 이유가 있습니까? 우리는 자신이 원하는 것이 곧 자기에게 꼭 필요한 것은 아니라는 사실을 잘 압니다. 그런데도 자신도 모르게 스스로를 날마다 속이며 설득하고 있는 것은 아닙니까?

사실 대부분의 사람들은 자기에게 꼭 필요한 것이 무엇인지 잘 모릅니다. 부모는 어린 자녀가 원하는 것을 다 들어주진 않습니다. 다 들어주었다가는 오히려 큰일이 난다는 것을 압니다. 왜 그렇습니까? 대개가 필요하지 않은 것들이고, 해가 되는 것들도 있기 때문입니다. 사랑하기 때문에 그냥 내버려두지 않습니다.

하나님은 어떤 분이십니까? 악인이라도 자기 아이는 사랑할 줄 아는데 하물며 하나님 아버지가 자녀 삼으셨는데 가장 좋은 것을 주고 싶어 하지 않으시겠습니까? 하나님은 나보다 나를 더 잘 아십니다. 그리고 내가 무엇을 필요로 하는지도 정확히 아십니다. 나는 내 필요보다 내가 원하는 것에 더 관심이 많지만, 하나님은 내가 원하는 것보다 나에게 꼭 필요한 것을 주고 싶어 하십니다. 예수님은 그 말씀을 하려고 오셨습니다. 덜 좋은 것을 찾아 헤매는 자녀들에게 가장 좋은 것을 주기 위해 먼저 택하셨고 부르셨습니다.

우리는 그 택하심과 부르심이 곧 구원이라는 것을 깨달았습니다. 하나님이 먼저 택하시고 부르셨습니다. 내가 먼저 택한 것이 아닙니다. 내가 먼저 찾아간 것이 아닙니다. 하나님이 먼저 택하고 부르셨을 때 우리의 반응은 무엇입니까? 구원을 위한 하나님의 초청에 우리는 어떻게 반응해야 합니까? 예수님은 그 반응을 '회개'라고 일러 주십니다. 회개란 '돌이킴'입니다. 즉 가던 길을 돌이키는 것입니다.

왜
세리 마태인가

어느 날 한 중풍병자가 지붕 아래로 내려왔습니다. 친구들이 지붕을 뚫고 침대에 그를 달아 내린 것입니다. 예배 도중에 이런 일이 벌어졌다고 생각해 보십시오. 지붕을 뜯는 소리가 나더니 천장에 구멍이 뚫리면서 뿌연 먼지와 함께 들 것이 내려온 것입니다. 그곳에 있던 사람들이 얼마나 당황하고 불쾌했겠습니까?

그런데 예수님은 웬 소란이냐고 묻지 않으시고, 중풍병자에게 "네 죄 사함을 받았느니라"고 말씀하시곤 그를 고쳐 주셨습니다. 옆에 있던 바리새인과 서기관들이 놀랐습니다. '이 신성모독 하는 자가 누구냐. 오직 하나님 외에 누가 능히 죄를 사하겠느냐'고 생각하며 쳐다봤습니다. 예수님이 그 생각을 알고 말씀하셨습니다.

> 인자가 땅에서 죄를 사하는 권세가 있는 줄을 너희로 알게 하리라 하시고 중풍병자에게 말씀하시되 내가 네게 이르노니 일어나 네 침상을 가지고 집으로 가라 눅 5:24

왜 예수님은 그에게 안수기도를 하지 않으시고, 그를 불러서 별다른 말씀을 하기도 전에 죄 용서부터 하셨습니까? 그에게는 치유보다 앞서 죄로부터의 돌이킴이 필요하다는 것을 아셨기 때문입니다. 이 환자에게 구원이란 죄에서 돌이키는 일로부터 시작된다는 것입니다.

> 그 후에 예수께서 나가사 레위라 하는 세리가 세관에 앉아 있는
> 것을 보시고 나를 따르라 하시니 <u>눅 5:27</u>

중풍병자를 고친 후에 길을 나선 예수님이 마태를 보고 부르셨
습니다. 예수님이 죄 문제를 해결하러 오셨다는 것, 예수님이 죄인
을 죄에서 돌이키기 위해 오셨다는 것을 공개적으로 드러내신 후라
는 점이 중요합니다. 마태의 본명은 레위입니다. 아마 그는 레위지
파 사람일 것입니다. 그는 '하나님의 선물'이란 뜻의 마태로 이름을
바꾸었습니다.

마태는 세리였습니다. 당시 세리의 악명은 대단했습니다. 매국
노 취급을 받았습니다. 로마에 세금을 내는 것도 힘에 겨운데 내
야 하는 세금보다 더 많이 걷어서 착복하는 일이 많았습니다. 세
리는 법정에 증인으로 서지도 못했고, 사람들이 세리와는 눈도 마
주치지 않았습니다. 그만큼 사람 대접을 받지 못했습니다.

그런 세리를 예수님이 부르셨습니다. 베드로, 요한, 야고보를 부
르셨던 때와 같이 마태를 부르셨습니다. 아마도 다른 제자들은 예
수님이 왜 사람 같지도 않은 세리를 부르시는지 의아해하며 못마
땅해했을 것입니다. 세리 마태의 얼굴엔 수심이 가득하고 죽음의
그림자까지 드리워져 있었을지도 모릅니다. 사람들의 손가락질과
냉대 때문에 지칠 대로 지친 상태였을 것입니다.

'내가 어쩌다가 여기까지 왔나. 우리 아버지가 레위라고 이름을 지어 주셨을 때만 해도 희망이 있었을 텐데. 내 인생은 도대체 어디서부터 빗나간 것인가.'

세리가 되어 돈을 많이 벌었을지 몰라도 사람을 잃었으니 그에겐 기쁨이 없었을 것입니다. 그런 그를 예수님이 부르셨다는 것입니다.

왜 하필 마태입니까? 그 이유를 아는 것이 중요합니다. 그의 부르심과 반응이 곧 구원의 본질을 드러내기 때문입니다.

첫째, 마태가 누구도 찾아가고 싶어 하지 않는 사람, 누구도 만나고 싶어 하지 않는 사람이었기 때문입니다. 예수님은 아무도 보고 싶어 하지 않는 사람, 모두가 외면하는 사람, 다들 싫어하는 사람을 부르십니다. 그냥 부르는 것이 아니라 '나를 따르라'고 말씀하셨습니다. 우리라면 그런 사람을 안 부릅니다. 다 망가진 사람을 불러다가 뭘 하겠습니까.

구원은 죄인을 부르는 데서부터 출발합니다. 강력한 죄의 힘으로부터 돌이키는 것이 구원의 본질입니다. "의인은 없나니 하나도 없으며"(롬 3:10)라고 했습니다. 세상에는 두 종류의 사람이 있을 뿐입니다. 자신이 죄인임을 인정하는 사람과 인정하지 않는 사람입니다. 이중에 구원이 필요 없는 사람은 아무도 없습니다.

둘째, 마태의 중심을 보셨기 때문입니다. 그는 자기가 죄인인 것을 알고 있었습니다. 스스로 구원할 능력이 없음을 알고, 자신에게 소망이 없다는 사실을 알았습니다. 예수님은 그의 가난한 마음,

깨어진 마음을 보고 부르셨습니다. 예수님은 출구가 안 보이는 어둠 속을 헤매고 있는 마태를 주목하셨습니다. 마태 안에 있는 절망을 보셨습니다.

우리는 겉을 봅니다. 보기에 번듯해야 만나고 싶어 합니다. 그러나 예수님은 사람의 속을 보고 다가가십니다. 마음의 중심을 보고 부르십니다.

셋째, 마태의 미래를 보셨기 때문입니다. 시몬 안에 있는 베드로를 보신 것과 마찬가지입니다. 예수님은 격정적이고 걸핏하면 넘어지는 시몬이지만 그 안에 불길과 같은 열정이 있어 그를 믿음의 반석으로 빚을 만하다고 여기셨습니다. 시몬이라는 현재가 아니라 베드로라는 미래를 보고 제자로 부르신 것입니다. 예수님은 세관에 앉아 있는 마태에게서 누구보다도 일을 꼼꼼히 챙기고 숫자를 잘 따지고 맡은 책임을 다할 줄 아는 제자로서의 미래를 보셨습니다. 그가 돌이키면 하나님 나라의 일을 감당하기에 부족함이 없다는 것을 아셨습니다.

예수님은 한 사람을 볼 때 현재와 함께 과거와 미래를 동시에 보십니다. 사람은 세 가지 시제를 동시에 볼 수도 없고 다 알 수도 없습니다. 그래서 누군가를 다 안다고 절대로 말할 수 없습니다. 사람이 안다고 믿는 것은 대부분 오해인 경우가 많습니다. 하나님 만이 사람의 과거와 현재와 미래를 정확히 다 아십니다.

예수님은 막달라 마리아 속에서 성녀 마리아를 보셨고, 사마리아 우물가 여인 속에서 전도자의 열정을 보셨습니다. 우리를 보시는 시선도 마찬가지입니다. 지금은 비록 만신창이여도 당신 안에 있는 미래의 제자 모습을 보십니다. 지금은 머뭇거리고 주저하지만 미래에는 가라 하시는 곳으로 달려가는 모습을 보고 계십니다. 예수님은 당신의 미래를 아십니다. 미래에서 당신을 부르십니다. 우리는 과거를 보고 사람을 평가하지만 예수님은 미래를 보고 평가하십니다.

따라서 지금 당신이 어떤 능력을 지니고 있고, 과거에 어떤 사람이었는지는 중요하지 않습니다. 부르심에 순종하고 따라가는 것이 중요합니다. 예수님이 당신의 미래를 아시기 때문입니다.

교회, 돌이킨 자와 돌이킬 자가
함께 어울리는 곳

사람은 누가 부른다고 쉽게 따라가지 않습니다. 욕심 때문에 눈이 어두워 따라가는 경우는 많지만, 한순간에 모든 것을 버리고 따라가는 일은 없습니다. 그러나 세리 마태를 보십시오.

그가 모든 것을 버리고 일어나 따르니라 눅 5:28

다른 사람도 아니고 계산에 밝은 세리입니다. 계산을 해보지 않겠습니까? 따라가도 될지 신중하게 결정하지 않겠습니까? 그런데 그는 즉시 모든 것을 버려두고 예수님을 따랐습니다.

우리는 입사 합격 통지서를 받아도 그 직장을 갈지 말지 망설이곤 합니다. 약혼식을 하고 나서도 결혼을 할지 말지 주저합니다. 부부가 아이를 낳고 살아도 평생 같이 살지 말지 망설입니다. 그러나 하나님의 부르심은 다릅니다. 하나님의 부르심은 즉각 순종할 수밖에 없습니다. 거부할 수 없고 중간에 포기할 수도 없는 부르심입니다. 하나님이 먼저 자신의 전부를 사랑으로 내어 주시기 때문입니다.

우리는 사랑하는 사람의 눈길을 압니다. 사랑하는 사람의 마음을 느끼고, 사랑하는 사람의 음성을 분간합니다. 하나님의 사랑은 다릅니다. 영적이기 때문에 다르게 느낄 수 있습니다. 동물적인 감각으로 알 수 있는 것이 있듯이 영적인 감각, 영적인 태도를 통해서만이 알 수 있는 것이 있습니다. 운명적인 만남을 예감하듯이 하나님의 부르심이란 그렇습니다. 거역할 수 없는 음성입니다. 제자란 그 음성을 들은 사람입니다. 그래서 모든 것을 버리고 따라나선 사람입니다.

계산하면 못 따라갑니다. 모든 것을 가졌던 젊은 부자 관원은 못 따라갔습니다. 어떻게 하면 영생을 얻을 수 있는지 관심이 많았지만 재물과 소유에 대한 관심이 그보다 더 컸습니다. 결국 그는 가진 것이 많아서 못 따라갔습니다. 사실은 그가 지금 가지고 있는 것이 예수님보다 더 가치 있다고 생각했기 때문에 못 따라간 것입니다.

그에 반해 마태는 자기가 가진 것이 별 것 아니라는 사실을 알 았습니다. 그는 소유가 지닌 가치의 한계를 깨달았습니다. 그래서 즉시 버리고 일어날 수 있었습니다. 사람은 우선순위에 따라 버릴 것을 선택합니다. 예수님이 자신의 소유와 비교할 수 없는 분임을 깨닫는 순간 일어난 것입니다. 예수님이 최우선순위가 되신 것입 니다. 그래서 돌이킴은 가치 혁명입니다. 구원이란 가치 혁명을 경 험한다는 뜻입니다.

> 레위가 예수를 위하여 자기 집에서 큰 잔치를 하니 세리와 다른
> 사람이 많이 함께 앉아 있는지라 눅 5:29

마태의 집에서 예수님을 위한 잔치가 열립니다. 마태가 자기 삶 의 지경 안으로 예수님을 초청한 것입니다. 제자로 부름받는다는 것은 예수님의 삶 속으로 초청받는 것을 뜻합니다. 그런데 마태는 예수님과 제자들을 먼저 자기 삶 속으로 초청했습니다. 예수님은 그의 심방 요청을 거절하지 않으셨습니다.

시끌벅적한 잔치가 열렸습니다. 마태가 부르는 사람들이야 빤하 지 않겠습니까? 아마도 그와 같은 부류의 사람들이겠지요. 사람들 이 상대해 주지 않는 이들, 동네에서 좋지 않은 소문이 난 사람들 은 죄다 모여들었을 것입니다. 어쩌면 동네에 비상이 걸렸을지도 모릅니다. 전혀 어울려 본 적이 없는 사람들이 한자리에 모였습니 다. 예수님은 그들과 함께 먹고 마시며 이야기를 나누셨습니다. 제

자들과 죄인들이 함께 식사를 합니다. 왜 자리를 함께합니까? 예수님 때문입니다.

성경은 세상엔 의인이 하나도 없다고 말합니다. 제자들은 예수님의 부르심에 응답한 죄인들이고, 세상이 손가락질하는 사람들은 예수님의 부르심에 아직 응답하지 않은 죄인들일 뿐입니다. 무슨 큰 차이가 있습니까? 어차피 세상에는 죄인들밖에 없습니다.

이게 바로 교회가 아니고 무엇입니까? 예수님이 찾아오셔서 교회이고, 예수님이 머리가 되셔서 교회입니다. 같이 있을 수 없는 죄인들이 함께 있는 곳이 바로 교회입니다. 같이 있고 싶지 않은 사람들과 사람들 앞에 나서기 힘든 사람들이 예수님 때문에 한자리에 나아와 함께 있을 수 있는 곳이 교회입니다. 돌이킨 사람들과 돌이킬 사람들입니다.

세리장 삭개오의 이야기도 마찬가지입니다. 예수님이 나무 위에 올라가 있는 그를 불러 "오늘 내가 네 집에 가고 싶다"고 하시자 삭개오는 자기 인생 전체를 돌이키는 결단을 합니다. 소유의 절반을 가난한 자들에게 내놓겠다고 하는 것이지요. 앞으로 십일조를 하겠다는 말이 아닙니다. 속여서 남의 것을 가로챈 것에 대해서는 네 배로 갚아 주겠다고 합니다. 이것이 돌이킴, 즉 회개입니다. 삭개오가 내린 삶을 돌이키는 결정이 구원입니다. 얼마나 극적입니까? 예수님을 만나고 말씀을 듣고 돌이키면 그런 변화가 부지불식간에 일어납니다. 예수님을 만나는 순간, 그분을 따르는 순간 가치 혁명이 일어납니다.

모든 교회 문제는 예수님을 모르기 때문에 생깁니다. 예수님을 알기 전에 다른 일부터 먼저 하기 때문입니다. 예수님과 깊이 교제하는 것보다 다른 일을 우선시하기 때문입니다. 예수님의 말씀을 듣고 예수님을 알아가는 일보다 아직 만난 적도 없고 잘 알지도 못하는 예수님을 소개하는 데 분주하기 때문입니다. 신앙은 가장 중요한 일을 제일 먼저 하는 것입니다. 예수님을 알고 예수님과 교제하는 것보다 더 중요한 일은 없습니다.

예수님이 계신 자리는 기쁨이 넘칩니다. 기도원이나 수도원처럼 무겁고 암울한 분위기가 아니라 다들 기쁨으로 눈을 반짝이며 흥분하는 잔칫집입니다.

그런데 이런 곳에서도 바리새인들과 서기관들은 전혀 다른 태도를 보입니다.

> 바리새인과 그들의 서기관들이 그 제자들을 비방하여 이르되 너희가 어찌하여 세리와 죄인과 함께 먹고 마시느냐 눅 5:30

그들은 제자들을 비방하고 불평하고 투덜거립니다. 간접적으로 예수님을 비난합니다.

"어떻게 세리와 죄인들과 함께 먹고 마실 수 있느냐. 어떻게 나라와 민족을 팔아먹는 자들과 세상의 질서를 파괴하는 자들과 함께 흥청망청할 수 있느냐. 너희 선생은 이런 자들과 한 부류란 말인가?"

그들은 왜 이렇게 못마땅해 합니까? 그게 그들의 종교이기 때문입니다. 그들은 예수님 중심의 신앙이 아니라 자기중심의 종교에 익숙한 부류입니다. 하나님이 누구이신가보다 자기가 누구인가가 더 중요한 사람들입니다.

예수님은 이들의 관심이 어디에 있는지를 훤히 아십니다.

> ⁵ 그들의 모든 행위를 사람에게 보이고자 하나니 곧 그 경문 띠를 넓게 하며 옷술을 길게 하고 ⁶ 잔치의 윗자리와 회당의 높은 자리와 ⁷ 시장에서 문안 받는 것과 사람에게 랍비라 칭함을 받는 것을 좋아하느니라 마 23:5-7

종교인들의 관심은 사람들이 자기를 알아주는 데 있습니다. 그래서 말씀을 새긴 띠를 넓게 만들고 옷술을 길게 만들어 입고 자랑스럽게 기도합니다. 어디를 가나 높은 자리에 앉는 것을 좋아하고, 사람들에게 대접받기를 즐깁니다. 이것이 그들의 관심사입니다. 청와대 출입 기자 시절에 대통령이 기자들을 초청하면 의전비서관들에게 대통령의 바로 옆자리나 맞은편에 앉게 해달라고 로비하는 일이 흔했습니다. 권력 주변에는 자리다툼이 얼마나 치열한지 모릅니다. 어디나 그렇습니다.

서기관과 바리새인들은 마태의 집에서도 줄곧 자신들의 관심사대로 지켜봤습니다. 그들은 자기가 앉을 자리를 저울질했습니다. 그들은 자기들이 오지 말아야 할 자리에 와 있다는 사실 때문

에 못마땅했습니다. 평소 같으면 어울리지 않을 사람들과 한자리
에 있다는 것이 불쾌했습니다. 그리고 랍비라고 불리는 예수가 이
렇게 행동하면 랍비의 이름에 먹칠하는 셈이라고 여겼습니다.

구원은
언제나 반전이다

예수님이 서기관과 바리새인들의 의도
를 다 아시고 구원의 본질에 관해 말씀해 주십니다.

> ³¹ 예수께서 대답하여 이르시되 건강한 자에게는 의사가 쓸 데
> 없고 병든 자에게라야 쓸 데 있나니 ³² 내가 의인을 부르러 온
> 것이 아니요 죄인을 불러 회개시키러 왔노라 눅 5:31-32

누가 병원에 갑니까? 누가 의사를 전적으로 신뢰합니까? 당장
죽게 생겼다고 생각하는 사람이 의사에게 매달립니다. 감기 환자
는 여유가 있습니다. 의사의 처방을 귀담아듣지 않습니다. 어떤 사
람은 의사의 처방에 시비를 걸기도 합니다.

"약을 꼭 먹어야 합니까? 안 먹으면 안 되나요?"

의사는 이렇게 되묻고 싶을 것입니다.

"환자 스스로 처방하려면 병원에는 왜 오셨습니까?"

예수님이 종교지도자들을 질책하십니다.

"네가 건강하다면 병원엔 왜 왔느냐? 병원은 환자들이 오는 곳이 아니냐."

예수님은 구원이란 죄인을 불러서 돌이키는 것임을 일깨워 주십니다. 예수님은 당신이 죄인들을 부르러 왔다고 말씀하십니다. 세상에 죄인이 아닌 사람이 어디 있습니까? 자기가 죄인임을 인정하는 죄인과 죄인임을 끝까지 인정하지 않는 죄인이 있을 뿐입니다. 이 땅에 구원이 필요 없는 사람들이 어디 있습니까? 구원이 필요하다고 인정하는 사람과 구원을 안 받아도 된다고 믿는 사람들, 두 부류가 있을 뿐입니다.

구원의 본질은 예수님이 부르실 때 돌이키는 것에 있습니다. 회개는 전에 알지 못했던 것을 새로 깨닫고 그때까지 가졌던 마음을 돌이키는 것입니다. 이전의 자기 생각이 틀렸거나 어리석었음을 인정할 때 비로소 마음의 변화가 일어납니다. 가던 길을 멈추고 지금까지 걸어온 길을 후회하고 돌이키는 것입니다.

그래서 구원은 언제나 반전입니다. 지금까지 잘해 오고 있다고 믿는 사람은 돌이킬 이유가 없습니다. 지금 가는 길이 바르다고 믿는 사람, 그 길을 부지런히 가는 것이 최선이라고 생각하는 사람은 돌아설 이유가 없습니다.

언제부터 골프장이나 낚시터나 등산길에 있을 시간에 교회에 있기로 작정했습니까? 언제부터 발걸음을 돌이키기로 했습니까? 이 돌이킴이 회개입니다. 이것이 구원입니다. 구원은 익숙하던 걸음을 돌이켜 반대 방향으로 걷는 것을 의미합니다.

삼국통일의 주역, 김유신 장군의 이야기를 기억하십니까? 그는 화랑 시절에 방탕하게 생활하다가 기생 천관에게 푹 빠졌습니다. 매일 밤 그녀를 찾다가 어머니한테 따끔한 얘기를 듣고 발길을 돌이키리라 작심했습니다. 그런데 어느 날 술에 취했다가 정신을 차려 보니 기생 천관의 집 앞이었습니다. 말은 기억력이 뛰어납니다. 주인이 어디를 가려고 하는지 말 안 해도 알 정도로 얼마나 눈치가 빠른지 모릅니다. 그날 김유신이 가고 싶어 한 곳에 데려다 준 것뿐입니다. 그런데 그는 칼을 빼어 애지중지하던 말의 목을 베어 버립니다.

돌이키는 일이 얼마나 힘든지 모릅니다. 단숨에 돌이킬 수도 있지만, 대부분 평생토록 가던 길을 그냥 갑니다. 때때로 발걸음을 멈춰 보지만 결국 그 길에서 벗어나지 못합니다.

익숙한 길은 이미 마음속에 각인된 길입니다. 몸이 가기 전에 먼저 마음이 길을 가리킵니다. 몸은 그저 따라갈 뿐입니다. 회개는 몸을 돌이키기 전에 먼저 마음을 돌이키는 일입니다. 더 이상 이 길을 가지 않겠다고 마음을 돌이키는 것입니다. 몸이 말을 듣지 않는다는 것은 사실 마음이 여전히 갈팡질팡하고 있다는 뜻입니다.

자기 자신으로부터
돌이켜야 진짜다

당시 바리새인들을 비롯한 종교 지도자들의 문제가 무엇입니까? 마음은 돌이키지 않고 몸만 돌이켰다는 것입니다. 선하지 않은데 선한 척하는 것은 위선입니다. 권위가 없는데 권위 있는 척하는 것이 권위주의적인 태도입니다. 진정한 돌이킴인가 아닌가는 중심의 문제입니다. 중심을 돌이켰는데 몸이 아직 안 따를 수 있습니다. 그래서 계속 돌이켜야 합니다.

예수님이 제자들의 발을 씻기실 때, 베드로가 자기 발은 못 씻는다고 펄쩍 뛰었습니다.

"주님, 제 발은 못 씻기십니다."

"네가 발을 안 씻으면 너와 나는 상관이 없다."

베드로가 놀라서 아예 목욕까지 시켜 달라고 합니다. 그러자 예수님이 "한 번 목욕한 사람은 발만 씻으면 된다"고 친절하게 말씀해 주셨습니다. 우리는 세례를 통해 목욕을 한 사람들입니다. 하지만 매일 발을 씻어야 합니다. 날마다 자기 발이 원하는 대로 갔던 것을 돌이켜야 한다는 것입니다.

사람은 내버려두면 습관적으로 옛 사람으로 돌아가게 마련입니다. 몸의 습관은 대단합니다. 우리의 마음을 수시로 끌고 가려고 달려듭니다. 그래서 잠시 흔들립니다. 예수님은 날마다 발을 씻으라고 하십니다. 날마다 돌이킨 길로 바로 가고 있는지 점검하라고 하십니다. 자기도 모르는 사이에 돌이켰던 길을 다시 되돌아가는

일이 일어나기 때문입니다. 우리는 넘어진 자리에서 또 넘어지기
쉽습니다. 사탄은 우리의 약점을 귀신같이 압니다. 상처 났던 자리
를 재차 건드립니다. 상처가 아물 때면 또 건드려서 덧나게 만듭
니다.

구원은 돌이킴입니다. 옛 생각, 옛 습관으로부터 돌이키는 일입
니다. 돌이킬 때마다 점검해야 할 일이 있습니다. 중심으로부터 정
말로 돌이켰는지를 확인해야 합니다.

나는 세례를 받고 나서 새벽기도를 열심히 나갔습니다. 밤샘 촬
영 후 퇴근해도 새벽 5시면 어김없이 기도하러 갔습니다. 이따금
코피가 나면 솜으로 콧구멍을 틀어막고 나갔습니다. 새벽예배만으
로 성에 차지 않아서 수요예배와 금요예배도 갔습니다. 하루는 저
녁에 집에 들어왔다가 성경을 들고 나가는데 아내가 불렀습니다.

"또 어디 가요?"

'또'라는 말이 귀에 걸렸습니다. 성경을 가지고 '또' 어디 가겠습
니까?

"교회에 가지, 어디를 가나?"

아내 목소리가 높아졌습니다.

"무슨 교회를 아침저녁으로 가요?"

어이가 없어서 아내를 쳐다보았습니다.

"그러면 내가 다시 술집으로 가랴?"

그때 아내가 했던 말이 내 신앙의 여정을 바꿔 놓았습니다.

"당신, 술집 대신 교회에 다니니까 완전히 바뀐 줄 아는데, 달라

진 게 하나도 없어요."

아내는 쏘아붙이듯 얘기하고 방문을 닫고 들어가 버렸습니다. 마치 망치로 머리를 맞은 듯한 느낌이었습니다. 잠시 멍하니 서 있다가 현관문을 닫고 내 방으로 들어갔습니다. 방석을 깔고 무릎을 꿇고 앉아 하나님께 물었습니다.

"하나님 아버지! 아내가 왜 저럽니까? 제가 하나도 달라지지 않았다니요. 이것이 아버지의 음성입니까 아니면 사탄의 음성입니까?"

주님의 답은 충격적이었습니다.

"네 아내 말이 맞다."

한참 동안 내 중심을 들여다보았습니다. 내 중심에는 여전히 내가 가득했습니다.

'조정민이 예수를 믿으면 어떻게 믿는지 보여 주겠다. 남들은 수십 년이 걸려도 안 변한다는데 나는 하루아침에 변할 수 있다는 걸 보여 주겠다. 한번 하면 한다는 걸 보여 주고 말겠다.'

이런 생각으로 가득 차 있었습니다. 내 중심을 들여다보고 나서 통곡하기 시작했습니다. 그동안 눈물을 흘리지 않았던 게 아닙니다. 그동안 기도하지 않았던 게 아닙니다. 그러나 그날의 기도와 눈물이 내 신앙의 여정을 완전히 돌이켜 놓았습니다. 그날이 바로 예수님의 말씀대로 진짜 목욕한 날이었습니다.

당신은 어떻습니까? 정말 돌이켰습니까? 정말 돌이키면 자기가 그렇게 중요하지 않습니다. 어떤 대접을 받는지가 중요하지 않습니다. 어떤 평가를 받는지가 중요하다면 여전히 다른 사람들이 나의 가치를 결정하는 대로 따르고 있다는 것을 뜻합니다. 그게 세상 방식이고 세상의 삶입니다. 그 삶에서 돌이키지 못해 하나님이 나를 어떻게 보고 계시느냐보다 사람들이 나를 어떻게 보고 있는지가 여전히 더 궁금하다는 뜻입니다. 그러면 구원받은 삶의 기쁨과 능력이 나타나지 않습니다.

구원이란 무엇입니까? 돌이킴입니다. 회개란 무한중력으로 잡아당기는 나 중심에서 하나님 중심으로 돌이키는 것입니다. 블랙홀과 같은 자아도취, 나르시시스트의 길에서 돌이키는 것입니다. 그래서 진정한 돌이킴은 자기 자신으로부터 풀려나는 길입니다.

예수님은 돌이키는 삶을 진리가 너희를 자유케 하는 삶이라고 선언하십니다. 더 이상 자기가 자신을 괴롭히도록 내버려두지 말고 날마다 자신으로부터 돌이키십시오. 사람들의 시선에 더 이상 묶이지 말고 예수님께서 그윽히 나를 바라보는 시선에 붙들리기를 축복합니다.

WHY

SALVATION

5
chapter

죄사함

용서가 아들이 마음을 돌이키고
집으로 돌아올 수 있는 근거가 되었습니다.
이것이 구원의 시작입니다.

지금까지 우리는 구원이란 하나님이 먼저 우리를 택하고 부르셨다는 사실임을 확인했습니다. 그리고 그 부르심을 듣고 스스로 돌이키는 것임을 알았습니다. 구원은 하나님의 택하심이며 부르심인 동시에 나의 돌이킴입니다.

돌이킴이 무엇입니까? 이제까지 오로지 자기 자신을 위하여 살던 삶의 방식과 무슨 생각을 해도 나를 기준 삼았던 생각의 습관으로부터 돌이키는 것입니다. 더 이상 자신을 추구하지 않고 하나님의 음성에 귀를 기울이며 하나님을 추구하는 방향으로 돌이키는 것입니다. 하나님 때문에 일하고, 하나님을 먼저 생각하는 쪽으로 돌이키는 것이 바로 구원입니다.

우리는 체질적으로 다른 사람을 먼저 생각하거나 하나님을 생각하면서 사는 존재들이 아닙니다. 인간은 그렇게 고상한 존재가 아닙니다. 무슨 일이든 결정하고 판단할 때 나한테 유익이 있는지 없는지부터 따지게 마련입니다. 이것은 본능에 가깝습니다. 우리는 자기중심적인 삶의 방식 안에 갇혀 있습니다. 따라서 돌이킴이란 자신으로부터 벗어나서 하나님을 향해 나아감이며 이때 비로소 진정한 해방을 맛보고 자유를 누리게 됩니다. 이것이 바로 구원입니다.

생각과 습관을 바꾸는 것은 결코 쉽지 않습니다. 삶의 방식이 송두리째 바뀌는 일은 기적에 가깝습니다. 그런데 무엇이 이 기적을 가능하게 만듭니까? 하나님이 무슨 일을 하셨기에 이런 일이 일어난단 말입니까? 하나님이 하신 일에 돌이킴의 본질이 있습니다.

바로 죄사함입니다. 이것은 우리가 모르는 사이에 일어납니다. 우리가 용서를 구하기도 전에 용서가 일어나는 사건입니다. 하나님이 예수 그리스도의 십자가를 통해 우리의 죄를 용서해 주셨습니다. 이것이 구원 사건입니다. 구원은 죄사함과 동의어입니다. "당신은 구원받았습니까?"란 질문은 곧 "당신은 죄사함을 받았습니까?"라는 질문과 같습니다.

돌아온 탕자의 비유를 잘 아실 겁니다. 둘째 아들이 집을 나갔습니다. 아버지가 멀쩡히 살아계신데 유산을 받아서 떠났습니다. 아버지는 그 아들이 어떻게 될지 알았지만 아들이 하도 원하니까 유산을 줘서 내보냈습니다. 아들의 결말을 내다봤고, 그의 염려대로 아들은 만신창이가 되어 집으로 돌아왔습니다. 거지꼴을 한 아들은 아버지 앞에 무릎 꿇고 용서를 빌었습니다.

세상 사람들은 이런 상황을 두고 '아들이 드디어 철났다'고 말합니다. 하고 싶은 대로 막 살다가 돌이키니 철이 났다고 하는 것이죠. 그러나 여기에 중요한 사실이 숨어 있습니다. 아들이 돈을 요구할 때부터 재산을 탕진하고 돌아올 때까지 아버지는 내내 아들을 용서하고 있었다는 사실입니다. 아버지의 용서가 아들이 마음을 돌이키고 집으로 돌아올 수 있는 근거가 된 것입니다. 이것을 우리는 구원의 시작이라고 말합니다.

죄를 알아야
사함도 있다

예수님이 십자가를 지시기 전에는 구원 사건이 없었을까요? 하나님은 구약시대에도 이미 우리를 용서하고 계셨습니다. 용서할 수 있는 토대를 만들어 놓으셨지요. 구약의 제사는 하나님의 용서를 가르치는 교육장이었습니다. 예수님의 십자가 사건을 통해서 이미 용서하셨음을 확연히 드러내신 것입니다.

우리는 십자가를 다 이해하지 못합니다. 십자가를 누가 알겠습니까? 죽을 때가 되면 조금 깨달을까요. 십자가에서 내 죄가 용서되었다는 사실을 받아들이기가 쉽지 않습니다. 왜 어려울까요? 죄를 잘 모르기 때문입니다. 우리는 죄를 잘 아는 것 같지만 사실 잘 모릅니다.

죄인들의 특징은 죄를 잘 모른다는 것입니다. 살면서 자기가 숨 쉬고 있다는 것을 순간순간 자각하는 사람이 얼마나 되겠습니까? 또 우리가 숨쉬고 있는 대기가 어떻게 만들어진 것인지, 대기의 구성 성분이 무엇인지도 잘 모릅니다. 공기는 질소 78퍼센트, 산소 21퍼센트, 그 밖에 이산화탄소, 아르곤 등이 1퍼센트 미만으로 이루어져 있습니다. 이 구성 비율이 조금이라도 흐트러지면 우리는 숨을 쉴 수가 없습니다. 순식간에 질식사하겠지요. 비율의 문제를 차치하더라도 우리는 숨을 못 쉬면 곧 죽는다는 건 압니다. 황사가 몰려오고 미세먼지가 많아져 기관지 질환이 늘어나니까 비로소 대기 환경에 관심을 갖기 시작했습니다.

죄 문제도 비슷합니다. 죄의 구성 성분에 대해 잘 모릅니다. 죄의 가장 큰 덩어리를 원죄라고 부릅니다. 원죄에서 분출되는 죄를 실행죄라고 부릅니다. 죄의 뿌리에서 싹이 트고 줄기가 자라고 열매가 맺힙니다. 성경은 원죄가 에덴동산에서 아담과 하와가 선악과를 먹은 사건에서 비롯된 것임을 알려 주고 있습니다.

선악을 판단하는 게 무슨 잘못입니까? 죄인은 이해할 수 없습니다. 죄인은 이미 죄 가운데 태어났고 죄를 호흡하며 성장했으며 죄악된 세상 속에서 살아왔기 때문에 특별하고 충격적인 죄 현상이 아니고서는 죄를 죄로 인식하지 못합니다. 아이들이 잘못을 저지르고도 무슨 잘못을 저질렀는지 모르는 것과 같습니다. 죄인은 죄를 죄로 자각하지 못할 뿐만 아니라 인간이 죄 때문에 죽어 간다는 사실도 받아들이지 않습니다.

마치 중독 환자가 중독의 심각성을 느끼지 못하며 죽어 가는 것과 같습니다. 마약 중독자가 어떻게 죽어 갑니까? 처음에는 마약이 주는 달콤함이 얼마나 강렬한지 천국을 경험한 것처럼 즐거워합니다. 그러나 점점 횟수가 거듭될수록 달라집니다. 심각한 중독에 빠지는 것입니다. 육체적 정신적으로 황폐화되어 결국 죽음에 이르고 맙니다.

암 환자가 강력한 진통제를 쓰다가 환각과 환청에 시달리는 것을 보았습니다. 몽유병자처럼 한밤에 돌아다니고도 어디를 다녀왔는지 모르고 심지어 평소에 쓰지 않던 이상한 말을 하고도 기억하지 못합니다. 충동적으로 창문에서 뛰어내리려고 하고 자살 충동에 시달립니다. 암은 육체를 서서히 파괴하지만 마약은 육신만이 아니라 영혼까지 급속히 파괴하는 것을 보았습니다.

죄가 그렇습니다. 죄는 죽음의 시작이고 수많은 죽음의 증상을 일으킵니다. 왜 그럴까요? 성경은 하나님과의 관계가 단절되었기 때문이라고 알려 줍니다. 하나님을 떠난다는 것, 하나님을 거부한다는 것은 자기 자신의 한정된 자원으로 살아가야 한다는 것을 뜻합니다. 내가 가진 것이 제한되고 모자랄 때 다른 사람의 자원을 내 것으로 만들어 해결하려 하고, 이때 불가피하게 충돌하게 됩니다. 죄는 일종의 목마름이고 허기짐이며 고독감이자 결핍입니다. 죄인은 이 갈증과 허기, 소외와 부족을 다른 사람에게서 찾으며 살게 마련입니다. 자신의 문제를 해결하기 위해 타인을 필요로 하고, 그 때문에 타인을 이용하고 착취하며 그 과정에서 갈등하고 충돌하는 삶을 살 수밖에 없습니다.

이걸 모르면 인생은 그냥 생로병사의 과정일 뿐입니다. 그렇다면 인생이 짐승과 무슨 차이가 있습니까? 죄와 죄의식이 인간의 조건입니다. 짐승은 죄가 없습니다. 짐승에게는 근친상간도 죄가 아니고 서로 싸우다가 죽여도 죄가 아닙니다. 그런데 사람에게는 그게 다 죄입니다.

금지된 선악과를 먹음으로써 인간의 원죄가 들어왔고, 제힘으로 생존해야 하는 불가피한 상황을 초래했습니다. 원죄란 하나님과의 단절, 곧 끊어짐이며, 구원이란 하나님과의 재연결, 곧 다시 이어짐을 뜻합니다. 죄사함이 중요한 이유가 여기에 있습니다. 하나님과 재연결되어야만 인간은 자원 결핍 증세, 곧 시기, 질투, 미움, 분노, 사기, 절도, 폭력, 살인, 간음, 방탕, 탐욕 등 끝없는 죄의 증세로부터 벗어날 수 있기 때문입니다.

끊어진 관계를 잇는
십자가

70년대에는 전기나 수도 걱정을 많이 했습니다. 그때는 자원이 부족했기 때문에 걸핏하면 전기가 나가고 물이 끊겼습니다. 어릴 때 할머니가 늘 수도꼭지를 끝까지 잠

그지 않고 한 방울씩 떨어지도록 해놓으셨던 기억이 납니다. 밤새
도록 똑똑똑 한 방울씩 떨어진 물을 큰 대야에 받았습니다. 물이
언제 끊길지 모르기 때문입니다. 지금은 전기 걱정, 물 걱정을 할
필요가 없습니다. 정수처리장과 발전소가 잘 돌아가기 때문에 연
결된 수도관이나 전선에서 공급이 원활히 이루어집니다.

　걱정한다는 것은 부족하다는 뜻입니다. 구원은 부족함에서의
해방입니다. 예수님이 구원자라는 말은 하나님과 인간의 끊어진
관계를 다시 연결하는 작업을 예수님이 친히 하셨다는 얘기입니
다. 무엇으로 연결하셨습니까? 십자가입니다. 그래서 십자가는 구
원의 표상이 됩니다.

　십자가로 구원받았다는 것은 무슨 뜻입니까? 물 걱정, 전기 걱
정하던 것처럼 존재를 놓고 늘 걱정하던 데서 풀려난다는 의미입
니다. 수도관이 막히고 전선이 끊기듯 생명선의 흐름을 죄가 막아
죽음이 지배했는데, 구원이 죄를 치워 버린다는 것입니다. 더 이상
물 걱정, 전기 걱정을 하지 않아도 되듯이 죄로 인해 막혔던 것이
뚫렸다는 뜻입니다. 구원이란 결국 존재적 불안, 근원적 불안으로
부터의 해방입니다. 이것이 죄사함의 능력입니다.

　죄사함이란 자기중심에서 벗어나는 것입니다. 더 이상 자기가
모든 것을 판단하지 않고, 자신이 옳다고 주장하지 않는 것입니다.
자기를 주장하는 의지로부터 해방되는 것이 구원입니다.

　히브리서는 구약의 제사와 예수님의 십자가 사건을 대비합니다.

그러므로 하늘에 있는 것들의 모형은 이런 것들로써 정결하게 할 필요가 있었으나 하늘에 있는 그것들은 이런 것들보다 더 좋은 제물로 할지니라 ^{희 9:23}

구약시대 성막과 성전은 죄를 용서받기 위한 장소로서 하늘에 있는 것들의 모형에 불과합니다. 하나님은 당신의 백성들이 부르심에 합당하게 살도록 십계명을 주시고, 그 계명을 어기면 짐승들이 대신 피 흘리고 죽는 것으로 사람을 용서하셨습니다.

¹⁸ 이러므로 첫 언약도 피 없이 세운 것이 아니니 ¹⁹ 모세가 율법대로 모든 계명을 온 백성에게 말한 후에 송아지와 염소의 피 및 물과 붉은 양털과 우슬초를 취하여 그 두루마리와 온 백성에게 뿌리며 ²⁰ 이르되 이는 하나님이 너희에게 명하신 언약의 피라 하고 ²¹ 또한 이와 같이 피를 장막과 섬기는 일에 쓰는 모든 그릇에 뿌렸느니라 ²² 율법을 따라 거의 모든 물건이 피로써 정결하게 되나니 피흘림이 없은즉 사함이 없느니라 ^{희 9:18-22}

죄사함에는 반드시 피 흘림이 있어야 한다는 것입니다. 마치 수혈과도 같습니다. 죄는 하나님과의 관계를 끊어 버립니다. 죄로 인한 증상들은 생명의 흐름을 막아 생명력이 점점 줄어들고 죽음에 이르게 합니다. 수혈이 필요한 상태가 되는 것입니다. 이 상태를 설명해 주는 것이 구약의 제사 제도입니다. 죄는 반드시 대가

를 지불해야 합니다. 결국 피 흘림 없이 죄사함이 없다는 것입니다. 생명은 피에 있습니다. 생명을 막아 버리는 죄를 없애기 위해서 다른 피가 필요하다는 것입니다.

싱가포르에서는 껌을 소지하는 것이 죄입니다. 껌을 가지고 가면 벌금을 내야 합니다. 너무한 것 아닙니까? 그러나 그 사람들이 정한 법이니 그게 싫으면 싱가포르에 안 가면 됩니다. 피로 죄를 사하는 것은 하나님이 정하신 법입니다. 아담이 범죄했을 때 무화과 나뭇잎으로 스스로 가렸지만 하나님은 동물의 가죽을 입혀 주셨습니다. 처음부터 성경은 죄에 대한 대가를 피로 지불해야 한다고 분명히 밝히고 있습니다.

모세를 통해서 주신 언약도 피로 맺은 언약입니다. 이스라엘은 성막에서 제사를 드렸습니다. 죄를 지을 때마다 또는 해마다 정해진 제사를 드렸습니다. 번거로운 의식과 절차를 만들어 주신 이유가 무엇입니까? 끊임없이 시청각교육을 시키시는 겁니다. 죄사함을 위한 제사는 자신이 직접 제물을 죽여서 드려야 했습니다. 제물을 잡을 때 피가 얼마나 많이 튀었겠습니까. 살아있는 짐승을 잡는 것이 쉬운 일이 아닙니다. 제사를 통해 죄에는 피의 대가가 필요하다는 것을 끊임없이 가르치신 것입니다.

제사를 통해서 죄 문제가 해결되었습니까? 아닙니다. 하나님이 반복적으로 용서해 주셨는데 결국 인간이 죄에서 돌이켰습니까? 아닙니다. 그렇다면 어떤 일이 일어났습니까? 제사 지내는 방법만 정교해졌을 뿐입니다. 동물을 죽이는 기술만 늘어난 것입니다. 제물을 사고파는 비즈니스만 커졌습니다.

그래서 때가 이르매 오래 참으신 하나님이 그 아들 예수 그리스도를 이 땅에 보내셔서 성전 제도, 제사 제도를 폐지하셨습니다. 예수님은 영원한 성전, 지성소에 들어가셔서 죄사함을 위한 제사를 단번에 완성하셨습니다.

> 그리스도께서는 참 것의 그림자인 손으로 만든 성소에 들어가지 아니하시고 바로 그 하늘에 들어가사 이제 우리를 위하여 하나님 앞에 나타나시고 히 9:24

예수님은 인간이 손으로 만든, 참 성소의 모조품에 불과한 곳에 들어가신 것이 아니라 하늘 지성소로 바로 들어가셨습니다. 땅의 지성소에는 대제사장만이 일 년에 한 번 양의 피를 가지고 들어갔습니다. 예수님은 어떻게 하십니까?

> 25 대제사장이 해마다 다른 것의 피로써 성소에 들어가는 것 같이 자주 자기를 드리려고 아니하실지니 26 그리하면 그가 세상을 창조한 때부터 자주 고난을 받았어야 할 것이로되 이제 자기를 단번에 제물로 드려 죄를 없이 하시려고 세상 끝에 나타나셨느니라 히 9:25-26

예수님은 단번에 스스로 제물이 되심으로써 죄를 없이 하셨습니다. 예수님이 스스로 속죄제물이 되셨기 때문입니다. 예수님이 오신 때가 어느 시간대입니까? 세상 끝 무렵입니다. 예수님은 종말의 때에 오셨습니다. 세상 끝이 가까웠기 때문에 마지막 심판 전에 죄인들을 구원하시기 위해 오신 것입니다.

> ²⁷ 한번 죽는 것은 사람에게 정해진 것이요 그 후에는 심판이 있으리니 ²⁸ 이와 같이 그리스도도 많은 사람의 죄를 담당하시려고 단번에 드리신 바 되셨고 구원에 이르게 하기 위하여 죄와 상관 없이 자기를 바라는 자들에게 두 번째 나타나시리라 ^{히 9:27-28}

한 번 죽는 것은 사람에게 정해진 것입니다. 우리 모두 언젠가는 죽습니다. 나이 들면서 누구나 죽음의 기운을 점점 경험하게 됩니다. 기력이 약해지고 병에 걸려 보면 회복력이 예전보다 떨어지는 것을 느낍니다. 그래서 건강에 더 많은 관심을 기울입니다. 어떻게든 젊음을 회복하겠다고 애를 쓰는 사람도 많습니다.

그러나 더 중요한 것은 죽은 후에 반드시 심판이 있다는 사실을 아는 것입니다. 심판이란 심판주 앞에서 자신의 생애를 설명해야 하는 것을 말합니다. 내가 어떻게 살았는지를 설명하는 것입니다. 하나님이 모르셔서 설명하는 것일까요? 아닙니다. 모든 것을 알고 계시는 하나님 앞에서 스스로 정직하게 설명해야 합니다. 이미 기록을 다 갖고 계신 분 앞에서 자신의 생애를 설명해야 합니다.

인생 이야기를 가지고 심사를 받으면 너 나 할 것 없이 입국이 거부될 것 같은데 무슨 이유인지 천국 비자가 발급되었습니다. 알고 보니 사전에 부탁된 것입니다. 그리스도께서 미리 연락해 두신 덕분입니다. 죄사함은 결국 천국 비자 발급을 위한 사전 보증 조치의 일환입니다. 또한 죄사함은 이 땅에서 사는 동안 구원을 미리 경험하는 은혜의 조치입니다.

하나님 앞에서
가장 중요한 일

죄는 용서받지 못하면 고통스럽기 한이 없습니다. 다윗이 죄로 인해 얼마나 고통스러웠는지 고백합니다.

> 3 내가 입을 열지 아니할 때에 종일 신음하므로 내 뼈가 쇠하였도다 4 주의 손이 주야로 나를 누르시오니 내 진액이 빠져서 여름 가뭄에 마름 같이 되었나이다 시 32:3-4

다윗은 밧세바를 탐하여 그녀의 남편 우리아를 죽였습니다. 죄를 감추는 것이 얼마나 큰 고통인지 뼈가 마르는 것과 같았다고 고백합니다. 몸 안에 있는 진액이 다 빠져나가서 마치 여름 가뭄에 말라 버린 농작물 같고, 타들어 간 논밭같이 되었다는 것입니다. 다윗은 죄의 고통을 이처럼 묘사했습니다.

우리도 마찬가지입니다. 거짓말 한 마디만 해도 입이 바짝 마르고 얼굴이 붉어지고 심장이 두근거립니다. 그럴 때 간절히 원하는 것이 무엇입니까? 입맛도 없고 잠도 제대로 못 자고 사람 만나는 것도 두렵고 아무 기쁨도 없을 때 무엇을 간구합니까?

> ¹ 하나님이여 주의 인자를 따라 내게 은혜를 베푸시며 주의 많은 긍휼을 따라 내 죄악을 지워 주소서 ² 나의 죄악을 말갛게 씻으시며 나의 죄를 깨끗이 제하소서 ³ 무릇 나는 내 죄과를 아오니 내 죄가 항상 내 앞에 있나이다 시 51:1-3

다윗 왕에게는 부족한 게 없었습니다. 그러나 죄책감에 시달리고 죄의식에 짓눌리기 시작하자 오로지 죄를 벗어 버리고 싶다는 소원만이 간절해졌습니다. 얼마나 고통스러운지 죄사함 받는 것이 가장 절실해졌습니다.

가인이 죄의 충동에 시달릴 때 하나님이 경고하셨습니다.

> 네가 선을 행하면 어찌 낯을 들지 못하겠느냐 선을 행하지 아니하면 죄가 문에 엎드려 있느니라 죄가 너를 원하나 너는 죄를 다스릴지니라 창 4:7

아이들은 잘못을 저지르면 부모의 눈을 잘 쳐다보지 못합니다. 하나님께서 네가 선을 행한다면 어떻게 낯을 들지 못하겠느냐고 물으십니다. 죄에 굴복하면 죄의 포로가 되는 것입니다. 일단 포로가 되면 제힘으로 못 빠져나옵니다.

다윗이 계속해서 절박한 심정을 토로합니다.

> ⁹ 주의 얼굴을 내 죄에서 돌이키시고 내 모든 죄악을 지워 주소
> 서 ¹⁰ 하나님이여 내 속에 정한 마음을 창조하시고 내 안에 정직
> 한 영을 새롭게 하소서 ¹¹ 나를 주 앞에서 쫓아내지 마시며 주의
> 성령을 내게서 거두지 마소서 ¹² 주의 구원의 즐거움을 내게 회
> 복시켜 주시고 자원하는 심령을 주사 나를 붙드소서 ¹³ 그리하
> 면 내가 범죄자에게 주의 도를 가르치리니 죄인들이 주께 돌아
> 오리이다 시 51:9-13

제발 살려 달라는 절규입니다. 마치 죄가 다윗의 온몸에 페인
트칠을 해놓은 것 같습니다. 그는 하나님이 죄를 말끔히 씻어 주
실 수 있음을 알았습니다. 자기 속에 깨끗한 마음을 창조해 주시
고 정직한 영으로 자신을 새롭게 해주시길 간구했습니다. 주의 성
령을 거두지 않으신다면 구원의 기쁨을 회복할 수 있을 것입니다.
죄사함을 받은 자의 마음은 이럴 것입니다.

> ¹ 허물의 사함을 받고 자신의 죄가 가려진 자는 복이 있도다 ²
> 마음에 간사함이 없고 여호와께 정죄를 당하지 아니하는 자는
> 복이 있도다 시 32:1-2

사람들은 죄사함의 복보다는 부와 성공의 복을 더 바랍니다. 그러나 다른 복은 죄사함에 비하면 정말 하찮은 것입니다.

유대인들에게 죄는 곧 빚이었습니다. 죄짓고 사는 것과 빚지고 사는 것은 차이가 없습니다. 그들은 죄를 하나님께 빚진 것으로 여겼습니다. 빚을 지면 어깨에 늘 감당할 수 없는 짐을 진 것과 같고 헤어날 수 없는 부담감에 짓눌려 사는 것과 같습니다. 빚은 아무리 작아도 사람의 마음을 채주에게 묶어 놓습니다. 죄는 아무리 작더라도 사탄에게 묶어 놓습니다. 일단 묶이고 나면 일순간에 자유함이 사라집니다.

죄사함 없이 복을 구하는 것은 마치 아이들이 정갈한 음식의 참맛을 모르고 오로지 학교 주변에서 맛본 불량식품을 간절히 원하는 것과 같습니다. 몸에 나쁜 줄도 모르고 부모의 눈을 피해 그곳으로 달려가는 것과 같습니다. 또한 죄사함을 받지 못한 채 다른 복을 많이 받아도 소용이 없는 이유는, 아무리 맛난 음식이라도 더러운 그릇에 담으면 먹을 수 없는 것과 같습니다. 그래서 그릇부터 깨끗이 씻어야 합니다. 부모가 자녀들에게 식사를 차려 줄 때 더러운 그릇에 음식을 담는 법이 없습니다.

우리는 급한 일이 너무 많아서 중요한 것을 놓칩니다. 하나님 앞에서 중요하고 급한 일은 단 한 가지뿐입니다. 죄로부터 돌이키는 일입니다. 한 사람의 죄사함을 통한 회복이 공동체 회복의 열쇠가 되기에 더욱 중요합니다. 하나님과 관계가 회복되어야 사람들과도 관계가 회복됩니다.

화평을 이루기 위해서는 내가 먼저 용서받고 나아가 내가 용서하는 자가 되어야 합니다. 먼저 용서받지 않고 다른 누구를 용서할 수는 없습니다. 그래서 우리는 자기가 어떤 용서를 받았는지 분명히 알아야 합니다. 왜 구원이 희미합니까? 어떤 용서를 받았는지 분명하지 않기 때문입니다. 왜 다른 사람들을 정죄합니까? 내가 받은 용서의 가치를 모르기 때문입니다.

> [43] 또 네 이웃을 사랑하고 네 원수를 미워하라 하였다는 것을 너희가 들었으나 [44] 나는 너희에게 이르노니 너희 원수를 사랑하며 너희를 박해하는 자를 위하여 기도하라 마 5:43-44

원수를 용서하는 것이 가능합니까? 내가 받은 용서가 더 크다는 사실을 분명히 알 때에만 가능합니다. 내가 10,000달란트를 탕감 받았기 때문에 원수의 9,900달란트를 탕감해 줄 수 있는 것입니다. 원수를 용서하는 것이야말로 죄사함의 절정입니다.

받아야 줄 수 있는 것

네덜란드인 코리 텐 붐(Corrie Ten Boom)의 아버지는 2차 세계대전 중에 게슈타포를 피해 달아나는 유대인들을 집에 숨겨 주었습니다. 이 사실이 발각되어 가족 모두 라벤

스브룩의 나치 수용소에 가게 되었습니다. 그곳에서 그녀는 모진 학대를 받으며 수치를 겪었습니다. 발가벗겨질 때마다 맨몸으로 십자가에 매달리신 예수님을 떠올렸다고 합니다. 그녀는 언니 베시가 죽어 가는 것을 무력하게 바라봐야 했습니다. 그런데 기적이 일어났습니다. 행정 착오로 그녀가 풀려나게 된 것입니다. 그녀는 하나님께 감사와 헌신의 기도를 드렸습니다.

"주님, 나의 남은 생애를 주님께 드리겠습니다. 벌써 죽었어야 할 목숨을 살려 주셨으니 저를 쓰시옵소서."

그리고 마지막으로 이렇게 덧붙였습니다.

"그러나 독일 땅만큼은 가지 않게 해주십시오."

그런데 하나님이 어디로 가라고 하셨겠습니까? 바로 독일이었습니다. "너 자신과 독일의 치유를 위해 독일로 가라"고 말씀하셨습니다. 코리 텐 붐은 순종하여 독일의 치유를 위해 강연을 하고 간증집회를 열었습니다. 그러던 어느 날 강연장에서 어떤 남자와 마주쳤습니다. 수용소에서 자기를 고문했던 교도관이었습니다. 그녀는 그의 얼굴을 똑똑히 기억하고 있었습니다. 그와 눈이 마주쳤습니다. 교도관이 강단 앞으로 걸어 나왔고 사람들 앞에서 손을 내밀어 용서를 구했습니다.

"나를 용서해 주시겠습니까?"

코리 텐 붐은 잠시 고개를 숙이고 기도했습니다.

"하나님! 저는 이 사람을 도저히 용서할 수 없습니다."

그때 주님의 음성이 들렸습니다.

"나를 위해서 그를 용서하지 않겠니?"

순간 그녀는 깨달았습니다. 용서는 주님을 위해 하는 것이었습니다. 그에게 용서한다고 말하는 순간 코리 텐 붐은 자유를 경험했습니다. 그리고 영국 시인 조지 허버트(George Herbert)의 말을 인용하여 매우 깊은 인상을 남겼습니다.

"다른 사람을 용서하지 못하는 사람은 자기가 건너야 할 다리를 무너뜨리는 셈이다."(He who cannot forgive others breaks the bridge over which he himself must pass.)

코리 텐 붐이 그를 보는 순간 고통스러운 기억이 파노라마처럼 펼쳐졌을 것입니다. 그럼에도 불구하고 예수님의 명령에 따라 그가 내민 손을 잡았습니다. 그때 그 손은 이미 그녀의 것이 아니라 예수님의 손이었습니다.

이것이 하나님이 죄사함으로 구원을 하시는 이유입니다. 용서를 받아야 용서하는 자로 살 수 있기 때문입니다. 용서받은 자가 용서하는 자가 됩니다. 예수님 때문에 용서하는 것입니다. 손양원 목사님은 자기 아들 둘을 살해한 살인자를 양자로 입양해서 사랑하며 섬겼습니다. 그 강렬한 사랑의 향기가 이 땅에 얼마나 흘러넘쳤습니까?

주님께 용서받은 바울도 우리 모두에게 용서를 권면합니다.

> 누가 누구에게 불만이 있거든 서로 용납하여 피차 용서하되 주께서 너희를 용서하신 것같이 너희도 그리하고 골 3:13

피차 불만이 있습니다. 그런데도 불평하지 않고 서로 용납하는 사람들이 크리스천입니다. 서로 용서하는 사람들입니다. 바울은 서로 용서하라고 명령합니다. 왜 그래야 합니까? 예수님이 우리를 용서하셨기 때문입니다. 용서는 제힘으로 못합니다. 내 안에 계신 예수님이 용서하시는 것입니다. 용서할 때마다 아픔을 느끼지만 그래도 용서할 수 있습니다. 용서는 기억하되 고통이 자신을 묶지 못하도록 하는 것입니다.

바울은 한 걸음 더 나아가라고 일러 줍니다.

이 모든 것 위에 사랑을 더하라 이는 온전하게 매는 띠니라 ^{골 3:14}

크리스천에게 용서는 최소한이고 사랑은 최대한입니다. 최대한에 이르기가 누구에겐들 쉽겠습니까? 겨우겨우 용서를 한다 해도 사랑까지 하기는 어렵습니다. 그래서 날마다 엎드려 기도해야 합니다. 기도야말로 용서 위에 사랑을 더하는 첫걸음입니다.

작가 마크 트웨인(Mark Twain)은 용서를 이렇게 표현했습니다.

"용서는 제비꽃이 자기를 짓밟은 사람의 발꿈치에 향기를 남기는 것이다."

용서할 수 없는 사람을 용서할 때 비로소 이 땅에 하나님의 사랑과 공의가 강물처럼 흐르게 될 것입니다. 절망하지 마십시오. 악취 대신에 제비꽃과 같은 향기를 남기는 사람이 되십시다.

WHY

SALVATION

거듭남

~~~~~

육신은 우리를 습관에 따라 옛 사람으로 되돌리려고 하지만
거듭난 생명과 새로운 삶은
결국 육신의 습관을 반드시 변화시킵니다.

구원이란 하나님께서 먼저 택하고 부르신 사건입니다. 부르심에 응답한 인간의 돌이킴이 구원이고, 돌이키기만 하면 조건 없이 받는 죄사함이 구원입니다. 구원으로 말미암아 이전과 이후가 전혀 다른 삶을 살게 됩니다. 이렇게 삶이 변화하는 과정 전체를 거듭남이라고 합니다. 거듭남은 크리스천의 비밀이요 본질입니다.

예수님은 구원이 율법적인 행위 차원의 일이 아니라 거듭남이라는 사실을 알려 주셨습니다. 때문에 구원을 분명히 알기 위해서는 거듭남이 어떤 것인지 예수님께 배워야 합니다.

거듭남에 대해 궁금해한 사람이 있습니다. 산헤드린 공회원인

니고데모입니다. 대제사장을 포함한 유대 최고 지도자 71명 중 한 명으로서 바리새인 중에 바리새인입니다. 그는 평생 좋은 신앙인으로 살아왔다는 자부심이 있었습니다. 신앙에 있어서 누구에게도 뒤지지 않고 흠잡힐 일이 없는 사람이었습니다. 그런 그가 밤중에 예수님을 찾아왔습니다.

니고데모가 왜 예수님을 찾아왔을까요? 일전에 예루살렘 성전에서 벌어졌던 한 사건 때문이었습니다. 유월절 무렵 예루살렘에 오르신 예수님이 성전을 발칵 뒤집어 놓으신 것입니다.

> ¹⁴ 성전 안에서 소와 양과 비둘기 파는 사람들과 돈 바꾸는 사람들이 앉아 있는 것을 보시고 ¹⁵ 노끈으로 채찍을 만드사 양이나 소를 다 성전에서 내쫓으시고 돈 바꾸는 사람들의 돈을 쏟으시며 상을 엎으시고 ¹⁶ 비둘기 파는 사람들에게 이르시되 이것을 여기서 가져가라 내 아버지의 집으로 장사하는 집을 만들지 말라 하시니 요 2:14-16

이 사건에 많은 사람들이 충격을 받았습니다. 이스라엘을 침략한 이방인들이 성전을 더럽힌 일은 있어도 유대인이 성전에서 탁상의 물건을 흩어버리며 사람을 내쫓는 소동을 일으킨 적은 없었습니다. 예수님의 성전 청결 사건은 삽시간에 대제사장을 비롯한 모든 제사장들과 바리새인들에게 알려졌을 것입니다. 소식을 들은 사람들은 충격에 빠져서 흥분하고 분노했을 것입니다.

"대체 그 자가 누구인데 성전에서 소동을 벌인단 말인가?"

그런데 그들 가운데 한 사람의 마음속에 의문의 소용돌이가 일어나기 시작했습니다.

'예수가 누구인가? 성전에서 환전상들을 내쫓는 담대함을 지닌 이 사람은 어디에서 왔을까? 감히 성전을 강도의 소굴이라고 부르다니…. 무슨 배짱으로 거침없이 나무라는가?'

니고데모는 예수님에 대한 소문을 이미 들어봤을 것입니다. 그러나 자신이 직접 만나서 확인하고 싶어 한밤중에 길을 나섰습니다. 이스라엘의 지도층 인사로서 지금 예루살렘에서 가장 큰 문제가 되고 있는 예수를 대낮에 만나기가 부담스러웠을 것입니다. 그는 예수님을 불러서 심문할 수도 있었을 텐데 직접 찾아 나섰습니다. 얼마나 궁금했으면 그랬겠습니까. 이렇게 예수님이 간절히 궁금해지는 것이 진리로 가는 길입니다.

청천벽력 같은
말씀

니고데모는 질문하기에 앞서 인사부터 건넸습니다.

^{1} 그런데 바리새인 중에 니고데모라 하는 사람이 있으니 유대인의 지도자라 ^{2} 그가 밤에 예수께 와서 이르되 랍비여 우리가 당

신은 하나님께로부터 오신 선생인 줄 아나이다 하나님이 함께 하시지 아니하시면 당신이 행하시는 이 표적을 아무도 할 수 없음이니이다 요 3:1-2

그가 질문을 던지기도 전에 먼저 예수님이 동문서답과도 같은 말씀을 하셨습니다.

예수께서 대답하여 이르시되 진실로 진실로 네게 이르노니 사람이 거듭나지 아니하면 하나님의 나라를 볼 수 없느니라 요 3:3

니고데모에게는 천둥소리처럼 들렸을 것입니다. 그는 믿음이 좋은 사람이었습니다. 하나님에 대해서 누구보다도 잘 알았지만 정작 친밀감이나 진정한 기쁨은 느껴 본 적이 없었습니다. 마음 한편에는 죽음에 대한 두려움도 있었습니다. 전형적인 종교인입니다. 아마도 다른 사람들이 자기 신앙의 실체를 들여다보지는 않을까 늘 불안했을 것입니다. 비록 공회원이라는 높은 자리에까지 올랐지만 여전히 목마르고 하나님과의 관계에 대해 아는 것이 없다는 사실이 두려웠을 것입니다.

예수님은 니고데모 안에 있는 곤고함을 보셨습니다. 그의 마음의 중심을 보시고 불쑥 "거듭나야 하나님의 나라를 볼 수 있다"고 말씀하셨습니다.

니고데모의 당황한 얼굴이 보이십니까? 그의 마음속에 한순간 분노와 수치가 꿈틀거리고 입속이 바싹 말랐습니다. 평생 하나님을 믿어 온 그입니다. 비로소 이스라엘 종교 지도자 중에 한 사람이 되었는데, 그런 사람에게 거듭나야 한다니 청천벽력 같은 말씀입니다. 대체 거듭나라는 것은 무슨 말씀입니까? 종교의 길과 신앙의 길이 다르다는 것입니다. 니고데모가 걸어온 길과 예수님이 인도하실 길이 다르다는 것입니다.

구원은 종교에 있지 않고 새로운 생명에 있습니다. 일평생 교회를 열심히 다녔다고 자랑할 것 없습니다. 일생 동안 구제와 선행을 아무리 많이 했어도 안심할 수 없습니다. 오직 하나님 나라에 들어가는 것이 구원입니다. 서울에서 제주도를 가기 위해 구원이 필요한 것이 아닙니다. 한국에서 미국에 가기 위해 구원이 필요한 것도 아닙니다. 세상 나라에서 하나님 나라로 가기 위해서 구원이 필요한 것입니다.

니고데모가 과연 예수님의 말씀을 이해했을까요?

> 니고데모가 이르되 사람이 늙으면 어떻게 날 수 있사옵나이까 두 번째 모태에 들어갔다가 날 수 있사옵나이까 요 3:4

그는 이해하지 못했습니다. 이것이 모든 사람들의 선생이라고 불리는 이스라엘 종교 지도자들의 영적인 상태였습니다. 하나님 나라를 본다는 것은 구원을 뜻합니다. 그는 평생 처음 듣는 말씀이었습니다. '거듭나다'는 '다시 태어나다'라는 말입니다. '거듭'이란 뜻의 헬라어 '아노덴(ἄνωθεν)'은 세 가지 뜻이 있습니다. 첫째, '위로부터', 둘째, '처음부터', 셋째, '다시, 새로'라는 뜻입니다. 이 세 가지를 종합하면 거듭남이란 '위로부터 얻은 생명으로 처음부터 다시 시작한다'는 뜻이 될 것입니다. 따라서 구원이란 새 생명으로 처음부터 새롭게 시작하는 것입니다. 구원은 고치거나 개선하는 정도에 머무는 것이 아니라 완전히 새롭게 전혀 다른 출발을 하는 것입니다. 그래서 거듭남을 새로운 창조 사건이라고 할 수 있습니다.

지금 예수님은 니고데모에게 "너는 지금 하늘로부터, 하나님께로부터 나온 생명으로 처음부터 다시 새로 시작해야 한다"고 말씀하신 것입니다. 사람은 땅의 부모로부터 태어난 존재들입니다. 땅에서 났기 때문에 땅으로 돌아갑니다. 흙에서 났기 때문에 흙으로 돌아가는 것입니다. 그런데 하나님 나라는 위로부터 태어나야 들어갈 수 있습니다. 콩 심은 데 콩 나고, 팥 심은 데 팥이 나는 이치입니다.

구원은 하나님 나라의 사건입니다. 예수님은 하나님 나라의 초대장을 가지고 이 땅에 오셨습니다. 땅에서 하늘로, 세상 나라에서 하나님 나라로 이어지는 다리가 되기 위해 이 땅에 오셨습니다. 오직 거듭남을 통해 그 다리를 건널 수 있습니다. 하늘로부터 새롭게 태어나야 하늘 생명이 되는 것입니다.

하나님 나라는 하나님의 생명으로 들어가야 합니다. 그 생명의 시작이 바로 거듭남입니다. 육신의 생명과 다른 생명으로 다시 태어나는 것입니다. 그 생명은 영원합니다.

거듭남은
소속 변경이다

고등학교 시절 클래식 음악을 듣다가 피아노에 흠뻑 빠진 적이 있습니다. 어머니를 졸라 피아노를 샀습니다. 당장 배우겠다고 하니까 대학교부터 가고 나서 배우라고 하시는 겁니다. 틈만 나면 앉아서 피아노를 쳐 봤지만 배우지도 않았는데 무슨 수로 쇼팽이나 쇼스타코비치를 치겠습니까? 기껏해야 〈돌아와요 부산항에〉나 〈아침이슬〉 같은 가요나 팝송을 칠 뿐이었습니다. 그렇게 2년 정도 치다가 대학교에 입학한 다음에 서울음대 학생을 과외 선생님으로 소개받았습니다. 어느 날 과외 선생님이 내게 조용히 말했습니다.

"나쁜 버릇이 이미 몸에 배서 고치기가 어렵겠어요. 도울 방법이 없네요. 그냥 그렇게 치든지 아니면 아예 포기하세요."

결국 포기했습니다. 그때 생각한 것이 '뭐든지 처음부터 새로 시작해야 하는구나'입니다. 피아노는 포기할 수 있습니다. 포기한다고 죽는 건 아니지 않습니까? 운전 습관이 나빠서 사고가 잦으면 운전을 안 하면 됩니다. 운전사를 고용하든지 대중교통을 이용하면 되지요. 그러나 하나님 나라는 다릅니다. 반드시 가야 합니다. 한 번 죽는 것은 정한 이치이고, 그 다음은 영원한 생명이 있느냐 없느냐에 따라 길이 갈리기 때문입니다. 구원은 영원히 사는 길이고, 심판은 죽음과는 비할 수 없이 괴로운 영원한 죽음의 길이기 때문입니다. 영원이란 시간 밖의 시간입니다. 시간이 정지된 것과 같은 시간입니다. 모든 인식과 감각은 살아있는데 시간이 멈추어 버린다면 어떻겠습니까? 끔찍한 고통 가운데서 시간이 정지되면 어떻게 되겠습니까?

신앙생활도 마찬가지입니다. 잘못된 습관을 가지고는 바른 신앙생활을 못합니다. 구식 사고를 가지고 새로운 교회를 시작할 수 있겠습니까? 자기 생각이 잘못되었는지도 모르는데 어떻게 새롭게 시작할 수 있습니까? 사역보다 중요한 것이 예배이고 말씀입니다. 하나님의 뜻이 무엇인지 성경 속에서 확인하는 것이 중요합니다. 거듭남이 바로 여기에서 시작되기 때문입니다. 말씀의 씨앗으로부터 새롭게 태어나는 것이 거듭남입니다. 내 안에 말씀의 씨앗이 심겨 자라야 다른 인격으로 태어날 수 있습니다.

다른 종교들이 추구하는 것은 자기 발견, 자기 계발입니다. 자기 자신을 추구하는 것입니다. 그러나 거듭남은 전혀 다른 개념으로 새로운 생명이 잉태되는 사건입니다. 내가 주체가 되는 능동적인 행위가 아닙니다. 진정한 신앙의 모습은 수동태입니다. 택함 받은 대로, 부르심을 받은 대로 순종하는 것입니다. 그래서 신앙이란 듣는 것입니다. 잘 들어야 바로 갈 수 있습니다. 잘 들어야 들리는 대로 따라갈 수 있습니다.

니고데모는 다시 태어나야 한다는 말씀에 혼란스러웠습니다.

신앙의 토대가 흔들리고 무너지는 순간이었을 것입니다.

"사람이 어떻게 다시 태어납니까?"

그는 여전히 육신의 생각에 머물러 있습니다. 예수님이 한마디로 정리해 주십니다.

> 예수께서 대답하시되 진실로 진실로 네게 이르노니 사람이 물과 성령으로 나지 아니하면 하나님의 나라에 들어갈 수 없느니라 요 3:5

거듭남은 물과 성령으로 다시 나는 것입니다. 하나님 나라에 들어가기 위해서는 다시 태어나야 하는데, 다시 태어나기 위해서는 물과 성령으로 세례를 받아야 한다는 것입니다. 물 세례는 죄사함, 회개를 가리킵니다. 성령 세례는 위로부터 오는 새 영으로 잉태되는 것입니다. 새 술을 새 부대에 담듯이 성령님은 옛 사람이 아닌 돌이켜서 죄사함을 받아 깨끗해진 새 사람에게 임하십니다.

성령님이 오셔서 새 생명이 잉태되었다면 무엇보다도 여기에 집중해야 되지 않겠습니까? 그러면 삶의 모든 궤적이 달라지는 것을 경험하기 시작합니다. 거듭남으로써 하나님 나라에 들어가는 것입니다. 비록 세상 속에 살고 있지만 이미 하나님 나라에 속한 사람이 되었다는 것은 구별된 삶으로 드러나기 시작합니다. 전혀 다른 삶이 시작된 것입니다.

거듭난 사람은
삶으로 영향력을 끼친다

거듭남이란 표현은 예수님이 처음 쓰셨지만, 구약 시대에는 이런 개념이 없었을까요? 구약에도 어떻게 해야 거듭날 수 있는지 기록되어 있습니다. 선지자들을 통해 말씀하셨습니다.

> 그러므로 이제 너는 유다 사람들과 예루살렘 주민들에게 말하여 이르기를 여호와의 말씀에 보라 내가 너희에게 재앙을 내리며 계책을 세워 너희를 치려 하노니 너희는 각기 악한 길에서 돌이키며 너희의 길과 행위를 아름답게 하라 하셨다 하라 렘 18:11

예레미야 선지자를 통해 곧 심판이 있을 것이라고 말씀하셨습니다. "그 길로 계속 가면 재앙이 기다리고 있으니 악한 길에서 돌아서라. 돌이켜서 너희 길과 행위를 아름답게 하라"고 말씀하셨습니다. 지금까지 살던 대로 살아서는 안 된다는 것입니다. 추악한 삶에서 돌이켜 선하고 아름답게 살라는 것입니다. 또 다른 선지자를 통해서도 말씀하셨습니다.

> 30 주 여호와의 말씀이니라 이스라엘 족속아 내가 너희 각 사람이 행한 대로 심판할지라 너희는 돌이켜 회개하고 모든 죄에서 떠날지어다 그리한즉 그것이 너희에게 죄악의 걸림돌이 되지 아

니하리라 ³¹ 너희는 너희가 범한 모든 죄악을 버리고 마음과 영을 새롭게 할지어다 이스라엘 족속아 너희가 어찌하여 죽고자 하느냐 ³² 주 여호와의 말씀이니라 죽을 자가 죽는 것도 내가 기뻐하지 아니하노니 너희는 스스로 돌이키고 살지니라 겔 18:30-32

에스겔 선지자를 통해서 좀 더 분명히 말씀하십니다. 돌이킴과 죄사함과 거듭남이 연결된 고리임을 알 수 있습니다. 돌이켜 사는 길은 새 길이고 새 생명입니다. 돌이켜서 죄악을 버리고 마음과 영을 새롭게 하는 것이 바로 거듭남이지요.

여전히 멍한 표정을 짓고 있는 니고데모에게 예수님이 다시 말씀하십니다.

⁶ 육으로 난 것은 육이요 영으로 난 것은 영이니 ⁷ 내가 네게 거듭나야 하겠다 하는 말을 놀랍게 여기지 말라 요 3:6-7

육은 육이고 영은 영입니다. 땅은 땅이고 하늘은 하늘입니다. 세상은 세상이고 하나님은 하나님이십니다. 하나도 이상할 게 없는 말입니다. 세상 나라에서 하나님 나라로 가기 위해서는 완전히 새롭게 출발해야 한다는 것은 너무나 당연한 말씀입니다. 누더기 옷을 입고 왕궁에 들어갈 수 없습니다. 하나님 나라는 거듭난 사람만이 들어갑니다. 이것이 규칙입니다.

> 바람이 임의로 불매 네가 그 소리는 들어도 어디서 와서 어디로
> 가는지 알지 못하나니 성령으로 난 사람도 다 그러하니라 요 3:8

예수님이 한 가지 더 알려 주십니다. 성령으로 거듭난 사람은 틀에 박힌 듯 어딘가에 묶이지 않는 사람이라는 것입니다. 바람을 가둘 수 있습니까? 바람이 어디서 와서 어디로 가는지 압니까? 바람의 길은 땅의 길과 다릅니다. 그러나 그 길을 볼 수는 있습니다. 바람이 불면 깃발이 펄럭이는 것을 보고 방향을 짐작할 수 있습니다. 굴러가는 낙엽을 보고 바람의 세기를 가늠할 수 있습니다. 그러나 바람의 길을 조금 봤다고 해서 바람의 처음과 끝을 다 알 수 있는 것은 아닙니다. 하나님의 길은 사람의 길과 다릅니다. 성령의 사람도 마찬가지입니다.

> 내가 진실로 진실로 너희에게 이르노니 내 말을 듣고 또 나 보
> 내신 이를 믿는 자는 영생을 얻었고 심판에 이르지 아니하나니
> 사망에서 생명으로 옮겼느니라 요 5:24

거듭난 사람은 구원받았기에 영생을 얻었고, 사망에서 생명으로 옮겨지게 되었습니다. 거듭난 사람과 거듭나지 않은 사람은 다릅니다. 거듭난 사람은 더 이상 불안하지 않습니다. 거듭난 사람은 바람처럼 자유롭습니다. 평안하고 기쁨이 넘칩니다. 내 안에 불안이 없어야 다른 사람을 불안하게 만들지 않습니다. 내 안에 시기

심이 없어야 다른 사람들이 불편해하지 않습니다. 내 안에 분노가 없어야 다른 사람들을 괴롭히지 않습니다. 내 안에 기쁨이 넘쳐야 다른 사람들에게 기쁨을 전할 수 있습니다. 거듭난 사람은 삶을 통해 잔잔한 영향력을 끼칩니다.

사랑으로 종노릇하는 자유

사도 바울이 거듭난 뒤 깨달은 것이 있습니다.

> 형제들아 너희가 자유를 위하여 부르심을 입었으나 그러나 그 자유로 육체의 기회를 삼지 말고 오직 사랑으로 서로 종노릇 하라 갈 5:13

거듭남은 자유함입니다. 능력 주시는 자 안에서 무엇이건 할 수 있고 믿음 안에서 능치 못할 일이 없습니다. 거듭남의 자유를 누리면 어떤 삶을 살게 됩니까? 바울이 분명한 한 가지를 일깨워 줍니다. 자유함으로 육체의 기회를 삼지 않는다는 것입니다. 거듭난 뒤에는 예전 육체로 살던 때로 돌아가지 않는다는 뜻입니다. 방금 출소했는데 다시 감옥으로 돌아가려는 사람이 있겠습니까? 인질에서 풀려났는데 다시 인질이 되겠다고 하는 사람이 있습니까? 지굿지굿했던 시간을 누가 그리워하겠습니까? 육신은 우리를 습관에 따라 옛 사람으로 되돌리려고 할 것입니다. 그러나 거듭난 생명과 새로운 삶은 결국 육신의 습관을 반드시 변화시킵니다.

나 자신이 거듭났다는 것을 확신한 계기가 있었습니다. 갑자기 거짓말이 불편해지기 시작했습니다. 술자리에서 보내는 시간이 너무나 어리석게 느껴졌습니다. 아내의 말을 중간에 잘라 버리는 것이 얼마나 무례한 일인지 깨달았습니다. 그래서 어느 날 아내에게 세 가지를 약속했습니다.

첫째, 거짓말하지 않겠다.

둘째, 술을 끊겠다.

셋째, 당신의 이야기를 끝까지 들어주겠다.

팔불출이 되려고 자랑하는 것이 아닙니다. 거듭남이란 예전과 다른 변화라는 것입니다. 내가 변해서 구원받은 것이 아닙니다. 구원받았더니 변화가 일어났다는 것입니다.

거듭남이란 거짓말을 열 번 하다가 다섯 번으로 줄이는 것이 아닙니다. 술을 많이 마시다가 조금 줄이는 것이 아닙니다. 두 번 언쟁하다가 한 번으로 줄이는 것이 아닙니다. 거듭남이란 새로운 인격이 되는 것입니다. 내 안에 지금까지 없었던 인격이 되는 것입니다. 거듭남이란 총체적인 변화입니다. 구원은 전혀 다른 삶의 시작입니다.

왜 예수님이 제자 열둘을 택하셔서 바로 하나님 나라로 데려가지 않으셨을까요? 구원은 그렇게 시작되지 않습니다. 돌이켜야 하고 죄사함을 받아야 하고 회개로 깨끗게 된 심령에 성령을 보내 주시는 과정이 구원입니다. 거듭남은 성령님이 내 안에 임하셨다는 고백입니다.

바울은 거듭남의 변화가 바로 '사랑으로 종노릇하는 자유'임을 알았습니다. 세상 사람들은 육체의 기회를 확장하는 데 소중한 인생을 씁니다. 거듭난 생명은 사랑입니다. 사랑은 육체의 기회를 늘리는 데 관심을 쏟지 않습니다. 오히려 스스로 주인되기를 포기하고 종노릇하더라도 누군가에게 새 생명이 전해지는 데 관심을 기울입니다. 종이 되고 싶은 사람이 어디 있습니까? 성령의 사람은 기꺼이 종이 됩니다. 누가 낮은 자리로 가려고 하겠습니까? 성령의 사람은 기쁜 마음으로 낮은 곳을 향해 갑니다. 성령으로 거듭난 사람은 사랑이 흐르는 길을 따라가기 때문입니다.

성령의 사람은 자유하지만 그 자유를 육체의 기회로 삼지 않습니다. 그래서 돈을 쓰는 것도 달라집니다. 사람이 거듭나면 지갑도 거듭나게 마련입니다. 이상하게도 자기를 위해 쓰는 것이 불편해집니다. 예전에는 자신의 건강과 취미 생활을 위해 투자했다면 이제는 다른 사람을 위해, 새 생명이 잉태되는 일을 위해 쓰고 싶어집니다.

그래서 거듭남은 위대한 변화입니다. 아날로그에서 디지털로 변한 것이 위대한 변화가 아닙니다. 육의 사람이 영의 사람이 되는 것이야말로 한 사람이 경험할 수 있는 가장 위대한 변화입니다.

서로 사랑으로 종노릇하는 공동체가 교회입니다. 교회는 세상에 없는 놀라운 새 생명의 공동체입니다. 그래서 교회는 영원한 꿈이자 영원한 희망입니다. 나는 교회가 세상에 있는 단 하나의 소망이라고 믿습니다. 거듭난 사람들이 점점 늘어가면서, 그 사람들이 피차 서로 종노릇할 때 이 땅에 진정한 하나님 나라가 임할 줄 믿습니다.

WHY
SALVATION

7

chapter

양자됨

~~~~~

종교의 길은 종의 영을 받고 가는 길입니다.
그러나 신앙의 길은 양자의 길입니다.
항상 평안하고 언제나 기쁘며 감사가 끊이지 않습니다.

　　　　어느 날 제자들이 예수님께 기도를 가
르쳐 달라고 부탁했습니다. 기도할 줄 몰라서 요청한 것이 아닙니
다. 오히려 그들은 늘 기도하는 사람들이었습니다. 그럼에도 불구
하고 흔한 기도와 다른, 중언부언하는 이방인들의 기도와는 다른
주님의 기도를 가르쳐 달라고 한 것입니다.

주님이 가르쳐 주신 기도가 바로 주기도문입니다. 기도는 "하늘
에 계신 우리 아버지"로 시작됩니다. 아버지는 헬라어로 '파테르
(πατήρ)', 아람어로 '아바(abba)'입니다. 당시 예수님은 아람어를 쓰
셨는데 발음이 우리말 '아빠'와 비슷합니다. 주기도문에서 하나님
을 '아빠'로 부르는 것이 인상적입니다.

구약성경에 하나님을 아버지로 부르는 예는 열다섯 차례 나오지만, 이는 주로 이스라엘 백성들과 하나님의 관계를 나타냅니다. 한 개인이 기도 중에 하나님을 아버지, 특히 어린 자녀들이 쓰는 호칭인 아빠로 부르도록 가르친 것은 예수님이 처음입니다.

예수님은 하나님과의 관계를 놓쳐 버린 유대인들에게 하나님이 누구이신지를 정확히 알려 주십니다. 하나님은 아버지입니다. 하나님을 아빠로 만나는 것이 구원의 본질입니다. 아이가 아빠를 부를 때 무슨 특별한 종교적 의식이 필요합니까? 아빠를 종교로 믿는 것이 아닙니다. 이렇듯 하나님을 아버지로 부르라는 것은 하나님을 단순히 종교적 대상으로 여기지 말라는 뜻입니다.

구원이란 하나님이 먼저 택하여 부르신 사건입니다. 하나님이 부르셨기 때문에 우리가 돌이켜서 그분을 바라보고, 죄사함을 받아 거듭날 수 있는 것입니다. 거듭난 우리는 하나님을 '아버지'라고 부릅니다.

> 영접하는 자 곧 그 이름을 믿는 자들에게는 하나님의 자녀가 되는 권세를 주셨으니 요 1:12

우리는 예수님을 통해서 하나님의 자녀로 거듭납니다. 종이 아닌 아들의 신분을 갖게 되는 것입니다. 구원으로 얻은 새로운 신분이 바로 하나님의 자녀라는 위치입니다. 당시 로마법상 양자가 되면 아버지의 뒤를 이어 모든 상속권을 갖는 동시에 아버지의 전적인 도움과 보호를 받았습니다. 바울은 우리가 구원받는 것을 종에서 양자로 신분이 바뀌는 극적인 변화라고 말합니다.

종에서
자녀로

사도 바울에게 양자라는 개념이 왜 그렇게 중요했을까요? 어떻게 해서 로마법에서 자녀됨에 해당되는 용어를 찾아냈을까요? 어쩌면 그 자신이 적자가 아니었기 때문인지도 모릅니다. 그는 예수님을 직접 뵌 적이 없었습니다. 예수님의 열두 제자가 아니었을 뿐만 아니라 오히려 예수님의 제자들을 핍박하고 체포하러 다니는 사람이었습니다. 그는 누구보다도 예수가 그리스도라는 것을 견디지 못했습니다. 예수를 메시아라고 하는 것보다 하나님의 신성을 모독하는 일이 없다고 믿었기 때문에 분한 마음에 자원하여 크리스천들을 잡으러 다녔습니다. 다메섹에서 주님을 직접 뵙기 전까지는 그랬습니다.

예수님은 태양보다 더 밝은 빛으로 그에게 다가오셨습니다.

"사울아, 사울아, 왜 네가 나를 핍박하느냐?"

그는 이 질문을 이해할 수 없었을 것입니다. 예수님을 만난 적도 없는데 무슨 핍박을 했다는 것입니까? 사흘간 눈이 멀었다가 다시 뜨는 과정을 통해서 '도대체 예수는 누구인가'를 바울만큼 진지하게 질문한 사람도 없었을 것입니다. 그는 '그리스도와 크리스천의 관계', '야훼 하나님과 예수님의 관계'에 대해 누구보다도 깊이 탐구했음에 틀림없습니다. 깊이 질문하고 연구하면서 나름대로 깨달았던 것이 모여 바울 신학이 되었습니다. 그로 말미암아 신약성경의 삼 분의 일이 넘는 서신서를 남길 수 있었습니다.

어떤 종이 주인에게 이런 질문을 받았다고 칩시다.

"평생 종으로 살 것인가 아니면 내 아들이 되어 살 것인가?"

무슨 고민이 필요합니까? 무슨 이유로 주저하겠습니까? 구원은 종이 아들로 입양되는 사건입니다. 전혀 망설일 일이 아니지요. 그러나 문제는 자기가 사슬에 매인 종이라는 것을 모른다는 데 있습니다. 그러니 양자가 되는 기쁨을 알 리가 없습니다.

처음엔 바울 자신도 율법에 묶여서 율법의 종노릇을 하고 있다는 것을 알지 못했습니다. 밝은 빛으로 다가오신 예수님을 만나고 나서야 비로소 자신이 율법과 제사라는 사슬에 묶여 거대한 종교 시스템에 갇혀 살아왔음을 깨달았습니다. 그는 예수님 때문에 구원받았고, 구원받았기에 거듭났고, 거듭났기에 하나님의 아들로 입양되었음을 알았습니다.

바울은 갈라디아 교회 성도들이 할례를 주장하는 유대주의자들에게 동조하는 것을 보고 흥분했습니다. 유대주의자들은 예수님을 주로 고백하면서도 믿음으로만 받는 구원은 뭔가 부족하다고 주장하며, 할례나 안식일과 같은 모세의 율법도 지켜야 한다고 고집했습니다. 바울은, 예수님이 그들을 사슬에서 풀어 주셨음에도 불구하고 다시 종의 멍에를 매려는 것이나 다를 바 없다고 목소리를 높입니다. 믿음으로 받는 구원이야말로 완전하다고 외칩니다.

> ²³ 믿음이 오기 전에 우리는 율법 아래에 매인 바 되고 계시될 믿음의 때까지 갇혔느니라 ²⁴ 이같이 율법이 우리를 그리스도께로 인도하는 초등교사가 되어 우리로 하여금 믿음으로 말미암아 의롭다 함을 얻게 하려 함이라 ²⁵ 믿음이 온 후로는 우리가 초등교사 아래에 있지 아니하도다 ²⁶ 너희가 다 믿음으로 말미암아 그리스도 예수 안에서 하나님의 아들이 되었으니 ²⁷ 누구든지 그리스도와 합하기 위하여 세례를 받은 자는 그리스도로 옷 입었느니라 갈 3:23-27

율법이 왜 필요합니까? 어린아이들에게 규율이 왜 필요합니까? 무엇이 자유의 본질이고 또 자유를 어떻게 사용해야 하는지 모르기 때문입니다. 아이들에게 큰돈을 주지 않는 이유는 돈의 가치를 아직 몰라 제대로 쓸 수 없다고 보기 때문입니다. 애초에 하나님은 율법을 사랑으로 주셨습니다. 부모가 자녀를 사랑하는 방식으로 안전상 율법이 필요하다고 보셨던 것입니다. 그런데 유대인들은 스스로를 율법에 묶었습니다. 하나님의 사랑을 모르고 율법의 규제만 두려워했기 때문입니다. 바울은 율법에 묶이는 자들은 믿음이 없는 이들이라는 사실을 간파했습니다. 또한 하나님의 사랑을 모르는 사람들이 율법을 내세우고 강조한다는 것을 깨달았습니다. 누구보다 자기 자신이 그랬기 때문에 한눈에 분별한 것이지요.

왜
십자가인가

바울은 아브라함의 자손이 되는 길은 할례가 아니라 세례를 받아 그리스도의 옷을 입는 것이라고 선포하며 종처럼 조바심 낼 필요가 없다고 주장합니다. 율법은 모두에게 주어졌습니다. 그러나 영적 신분에 따라 율법을 이해하는 태도는 전혀 다릅니다. 종은 두려움으로 율법에 묶이고, 아들은 율법 안에 담긴 아버지의 사랑을 봅니다. 어릴 때는 규율이 성가시고 때로는 두렵습니다. 그러나 어른이 되면 그 규율을 뛰어넘는 자제력을 갖게 됩니다. 나 자신을 진정으로 사랑할 줄 알고, 다른 사람을 사랑할 줄 알게 되기 때문입니다.

> [1] 내가 또 말하노니 유업을 이을 자가 모든 것의 주인이나 어렸을 동안에는 종과 다름이 없어서 [2] 그 아버지가 정한 때까지 후견인과 청지기 아래에 있나니 [3] 이와 같이 우리도 어렸을 때에 이 세상의 초등학문 아래에 있어서 종 노릇 하였더니 [4] 때가 차매 하나님이 그 아들을 보내사 여자에게서 나게 하시고 율법 아래에 나게 하신 것은 [5] 율법 아래에 있는 자들을 속량하시고 우리로 아들의 명분을 얻게 하려 하심이라 갈 4:1-5

상속자가 어리면 후견인의 보호를 받아야 합니다. 장성할 때까지는 간섭을 피할 수 없습니다. 그러나 때가 되면 더 이상 간섭 받을 필요가 없습니다. 법적으로 성인이 되면 스스로 판단하고 결정할 수 있기 때문입니다. 도움을 청하지도 않았는데 불쑥불쑥 간섭하는 일은 없을 것입니다.

바울은 이 일을 위하여 하나님께서 아들을 보내어 여자에게서 나게 하시고 율법 아래에 자라게 하셨다고 말합니다. 예수님이 왜 오셨는지, 왜 십자가를 지셨는지 그리고 왜 부활하셨는지에 대해 진지하게 성찰한 바울은 자신이 예수님을 만난 후에 어떻게 변화되었는지를 신학적으로 잘 정리할 수 있었습니다. 부르심을 통해 죄사함을 받은 후 돌이킴으로 거듭나는 모든 과정은 전적으로 하나님의 자녀로 입양되는 절차였음을 깨달은 것입니다. 나아가 입양됨을 통해 구약시대에 종지부를 찍고 새 언약 시대가 시작되었음을 선포하신 것임을 깨달았습니다.

바울은 예수님이 하나님의 구원사의 뚜렷한 분기점이라고 외칩니다. 예수님의 십자가는 율법의 종노릇했던 우리를 자유롭게 하셨고, 그로 인해 우리는 자녀의 신분을 회복하게 되었습니다.

구원을 설명해 줘도 왜 사람들은 구원을 믿지 않습니까? 전도해도 왜 열매가 맺히지 않습니까? 그들이 볼 때 구원받은 사람들과 구원받지 않은 사람들 사이에 별 차이가 없기 때문입니다. 이것이 오늘날 기독교의 문제이고, 교회의 문제입니다. 몇몇 사람이 잘못 목회하고 몇몇 사람이 실족하는 게 문제가 아닙니다. 구원받은 사람 모두의 삶이 구별되어야 합니다. 그래서 구원이 신기하고 궁금해져야 합니다. 양자의 변화된 삶을 보고 내게도 입양의 구원이 필요하다는 절박함이 생겨야 합니다. 단순히 보여 주기 위해서가 아닙니다. 우리가 받은 구원이 금은보화보다 더 가치 있는 것이라면, 육신의 생명을 버리고서라도 얻고 싶은 가치가 있는 것이라면 삶이 구별될 수밖에 없지 않겠습니까? 이 땅의 크리스천들이 너무 사소한 것에 집중한 나머지 서로 다투고 갈등하고 부딪치는 모습을 그대로 방치해서는 안 됩니다.

양자의 영이 부어지면
자유하다

밤 12시 자정만 되면 거리에서 단 한 사람도 남김없이 사라지던 시절이 있었습니다. 야간통행금지가 있었기 때문입니다. 1982년 1월에야 폐지되었는데, 그전까지는 새벽 4시까지 사람과 차량의 통행이 모두 금지되곤 했습니다. 통행금지 사이렌이 울리면 야경꾼들이 딱따기를 치면서 방범 활동을 펼쳤습니다. 경찰관들과 술 취한 사람들 간에 쫓고 쫓기는 진풍경이 벌어지곤 했고 여기저기서 호루라기 소리가 들렸습니다. 붙들리면 파출소나 경찰서 유치장에서 밤을 새우고 즉결심판에 넘겨져야 했지요. 요즘에는 상상도 못할 일입니다. 통행금지만이 아닙니다. 젊은 여성들의 치마 길이를 단속하기도 했고, 긴 머리를 한 남자는 그 자리에서 머리카락이 잘리고 바리캉으로 밀리곤 했습니다.

일 년에 한두 차례 성탄절이나 연말연시에 자유가 주어질 때가 있었습니다. 사람들이 밤거리로 쏟아져 나왔습니다. 그때는 밤새워 거리를 쏘다니는 것이 소원이었지만 지금은 그렇지 않습니다. 형편에 따라 일찍 잠자리에 들기도 하고 철야 근무를 하거나 밤새워 놀기도 할 것입니다. 이처럼 사회도 성숙해 감에 따라 여러 가지 규제가 완화됩니다. 신앙생활도 마찬가지입니다. 율법이 필요한 때가 있습니다. 죄를 규정하지 않으면 사람들이 죄를 죄로 여기지 않음으로써 혼란이 걷잡을 수 없이 커질 것이라고 바울은 말합니다. 그러나 때가 되면 하나님께서 자유의지 영역 안에서 각자 아름답게 꽃피울 수 있도록 자유를 허용하십니다.

> 너희가 아들이므로 하나님이 그 아들의 영을 우리 마음 가운데
> 보내사 아빠 아버지라 부르게 하셨느니라 갈 4:6

하나님이 우리를 자녀 삼으셨기에 아들의 영을 보내 주셨습니다. 아들의 영을 받은 사람은 하나님을 스스럼없이 아바 아버지로 부를 수 있습니다. 하나님을 아빠로 부르는 것은 크나큰 특권이자 기쁨입니다. 세상에서 가장 큰 아픔의 하나가 부모 없이 자라는 서러움입니다. 상처받은 아이들이 언제 회복됩니까? 좋은 양부모를 만나면 그 아픔에서 벗어나게 됩니다.

미국 워싱턴 주 하원의원과 상원의원을 지낸 신호범 의원은 16살 때 미국으로 입양되었습니다. 훌륭한 양부모를 만났지만 친자녀들을 보니 자기도 모르게 위축되었습니다. 사랑을 받으면서도 알 수

없는 거리감이 느껴졌습니다. 가만히 보니 양부모가 아이들을 나무랄 때 태도가 달랐던 것입니다. 친자녀들은 혹독하게 나무라는 데 반해서 양자인 자기는 그렇게까지 야단치지 않는 것이었습니다. 역차별인 셈입니다. 양부모에게 솔직하게 말하고 앞으로 똑같이 야단쳐 달라고 부탁했습니다. 그는 호된 야단을 맞은 날 비로소 친자녀가 된 느낌이 들어 기뻤다고 합니다.

아버지의 나무람 속에 사랑이 있음을 알 때 그때 자녀가 되는 것입니다. 종이 야단맞는 것과는 느낌이 다릅니다. 나무의 뿌리가 깊으면 바람이 아무리 불어도 흔들리거나 넘어지지 않습니다. 아버지와 자녀의 관계가 뿌리 깊으면 야단을 친다고 해서 관계가 끊어지거나 흔들리지 않습니다.

나를 사랑하는 아버지의 벌이 있기 때문에 자유가 그 가치를 지니는 것입니다. 인간에게 절대적 자유란 관념일 뿐입니다. 누구나 제약 속에 있습니다. 시간의 제약이 있기 때문에 우리는 삶과 죽음의 의미를 깊이 묵상합니다. 공간의 제약이 있기 때문에 연휴 때마다 어디로 가야 할지를 놓고 가족과 갈등을 벌입니다. 서로 생각이 다르기 때문입니다. 이때 자유는 시간과 공간의 제약에서 벗어나는 자유가 아니라 시간과 공간을 선택하는 자유입니다. 서로 다른 생각을 하나로 이끌어 내는 자유입니다.

신앙의 자유도 마찬가지입니다. 하나님을 벗어나는 것, 하나님을 떠나는 것, 하나님을 거부하는 것이 자유가 아닙니다. 하나님 안에서 어디에 있을 것인지 선택하는 것이 자유입니다. 꼭 신학교를 가고 목사가 되어야 하는 것이 아닙니다. 사업을 하건 운동을 하건 하나님 안에서 선택하는 것이 자유입니다. 이것이 바로 하나님의 아들의 영이 인도하는 자유입니다.

> ¹⁴ 무릇 하나님의 영으로 인도함을 받는 사람은 곧 하나님의 아들이라 ¹⁵ 너희는 다시 무서워하는 종의 영을 받지 아니하고 양자의 영을 받았으므로 우리가 아빠 아버지라고 부르짖느니라 롬 8:14-15

종의 영과 양자의 영이 있습니다. 종은 늘 두려움에 떨며 마음에 평안이 없습니다. 무엇인가를 해야 한다는 의식에 쫓기며 강박에 사로잡힙니다. 주인을 의식하는 것 자체가 무거운 짐입니다. 이 짐을 24시간 내내 내려놓을 수가 없습니다. 주인의 평가에 신경을 곤두세우고 칭찬이냐 야단이냐에 따라 마음이 요동칩니다. 종은 늘 다른 종과 자신을 비교합니다. 저 종은 무슨 일을 하나, 주인이 왜 저 종에게 일을 맡기나 눈치 보며 불평합니다. 다른 종이 칭찬을 받으면 속이 쓰리고 시기심이 저절로 올라옵니다. 자기 옆에 있던 종이 승진하면 거의 기절할 지경이 됩니다. 인생 전체가 흔들립니다. 이것이 종의 삶입니다. 종의 영은 무서워하는 영입니다.

그에 반해 아들은 어떻습니까? 아들도 칭찬 받을 때가 있고 야단 맞을 때가 있습니다. 그러나 아들은 태도가 다릅니다. 칭찬을 받건 야단을 맞건 내 아버지니까 칭찬도 야단도 당연하게 여깁니다. 관계의 뿌리가 깊으면 흔들리는 일이 있어도 끝나는 일은 없습니다.

무엇보다 아들이란 아버지의 뒤를 잇는 자격을 갖추었다는 뜻입니다. 부모와 자녀의 관계에서 클라이맥스는 유업과 유산입니다.

　세상에는 자녀를 학대하는 부모도 있습니다. 부모와 있는 것이 가장 고통스러운 자녀도 있습니다. 그러나 이것은 일그러진 세상의 모습이고 깨어진 가정의 현실입니다. 건강한 가정이라면 부모는 자녀를, 자녀는 부모를 기뻐합니다. 부모는 자녀를 사랑하고, 자녀는 부모를 닮으려고 노력합니다.

> 그러므로 네가 이 후로는 종이 아니요 아들이니 아들이면 하나님으로 말미암아 유업을 받을 자니라 갈 4:7

　양자의 영을 받으면 더 이상 종이 아닙니다. 양자됨의 결과는 유업입니다. 아버지가 하시던 일을 아들이 물려받습니다. 양자됨의 결과는 또한 유산입니다. 아버지가 떠나면 아버지의 모든 것을 아들이 물려받습니다. 아버지 앞에서 아들은 늘 당당합니다. 집에 들어갈 때마다 아버지가 "내 집에 네가 왜 마음대로 출입하느냐"고 나무라지나 않을까 마음 졸이지 않습니다. 심지어 아버지가 가진 것을 나누어 쓰는 것도 거리낌이 없습니다. 아버지 것은 다 자기 것이라고 믿습니다. 아버지의 것도 내 것, 내 것도 내 것이기 때문에 모자람이 없습니다. 그런데도 풍요와 자유를 멋대로 쓰지 않습니다. 이것이 아들의 영입니다.

　내 아들에게서 아들의 영을 확인한 적이 있습니다. 아이가 어릴 때였는데, 어느 날 내 앞에서 지갑을 열어 보는 것이었습니다.

"왜 아빠 지갑을 열어 보니?"

"지갑에 돈이 얼마나 있는지 보려고."

그날따라 현금이 얼마 없었던 모양입니다.

"애개, 아빠 돈이 이것밖에 없어?"

그러더니 지갑을 돌려주고 갔습니다. 다음 날 지갑을 열어 보고 깜짝 놀랐습니다. 분명히 만 원권 지폐가 두세 장밖에 없었는데 열 장이 넘게 들어있던 것입니다.

아내에게 물었습니다.

"당신이 내 지갑에 돈을 넣었어?"

"아뇨."

아내가 그럴 리가 있겠습니까? 혹시나 했는데 역시 아니었습니다. 범인은 아들이었습니다. 그동안 모은 용돈을 아빠 지갑에 넣어 준 것입니다. 그날 아버지가 필요하다면 언제든지 기꺼이 내놓는 것이 아들이라는 것을 깨달았습니다. 이것이 아들의 영입니다.

스스로 종이 될 때
자유가 더 커진다

바울은 자유가 주어졌을 때 육체의 기회를 위해 쓰지 말고 오히려 스스로 절제하도록 권면합니다. 그리고 다시 종노릇하라고 권합니다. 아니, 아들이 되라고 할 때는 언제고 왜 또다시 종이 되라고 합니까?

> 형제들아 너희가 자유를 위하여 부르심을 입었으나 그러나 그
> 자유로 육체의 기회를 삼지 말고 오직 사랑으로 서로 종 노릇
> 하라 갈 5:13

종의 영을 받아서 종노릇하는 사람과 아들의 영을 받아서 종노릇하는 사람이 있습니다. 두려움에서 종노릇하는 사람과 사랑으로 종노릇하는 사람이 있습니다. 겉보기에는 비슷할 수도 있지요. 그러나 전혀 다른 삶입니다. 회사 생활도 그렇습니다. 겁먹은 얼굴로 눈치를 보며 일하는 사람이 있고, 일이 좋아서 하는 사람이 있습니다. 시간이 갈수록 이 두 사람의 삶의 질은 확연히 달라집니다.

크리스천은 종에서 양자가 되었다가 다시 종이 되는 삶을 사는 사람입니다. 하나님의 자녀가 되어 자유인이 되었지만 아버지의 뜻을 이루어 드리기 위해 스스로 종이 됩니다. 인간을 구원하기 위해 스스로 종이 되신, 하나님의 아들 예수 그리스도처럼 말입니다.

> 5 너희 안에 이 마음을 품으라 곧 그리스도 예수의 마음이니 6
> 그는 근본 하나님의 본체시나 하나님과 동등됨을 취할 것으로
> 여기지 아니하시고 7 오히려 자기를 비워 종의 형체를 가지사
> 사람들과 같이 되셨고 8 사람의 모양으로 나타나사 자기를 낮추
> 시고 죽기까지 복종하셨으니 곧 십자가에 죽으심이라 빌 2:5-8

우리를 종에서 풀어 아들로 입양하는 것이 얼마나 중요한 일이면 자신이 종이 되어서 십자가에 죽으시기까지 하셨겠습니까?

성경통독반을 섬기는 분들과 함께 양화진외국인선교사묘원에 다녀온 적이 있습니다. 한 분 한 분의 생애를 돌아보면서 감동했습니다. 아들의 신분을 회복한 분들이 이 땅에 종노릇하러 와서 순교로 생애를 마감했습니다. 의료 선교사로 조선에 온 지 8개월 만에 26세 나이로 순교한 루비 켄드릭(Miss Ruby Rachael Kendrick)의 묘비에는 이런 글귀가 새겨져 있었습니다.

"만일 내게 천 개의 생명이 주어진다면 그 모두를 조선을 위해 바치겠습니다."

아펜젤러(Appenzeller) 선교사는 이 땅에 최초의 근대 교육기관인 배재학당과 첫 감리교회인 정동교회를 세웠습니다. 또 한글 성경 번역에도 열정을 쏟았습니다. 그는 성서번역자회의에 참석하기 위해 목포로 향하다가 선박 사고를 당했습니다. 미처 배에서 나오지 못한 한국 학생을 구하려다가 순교하고 만 것입니다.

묘원에서 유일한 일본인인 소다 가이치(曾田嘉伊智) 선교사는 거듭남으로 하나님의 양자가 된 후 부인과 함께 조선에 와서 1921년부터 해방될 때까지 천여 명의 고아들을 돌봤습니다. 1961년 한경직 목사님의 초청으로 다시 한국에 돌아와 영락보린원에서 고아들과 생활하다가 소천했습니다.

이것이 바로 양자됨의 기쁨이 넘치는 삶입니다. 하나님의 자녀가 되는 것은 인간이 받을 수 있는 최고의 선물입니다. 양자됨의 기쁨을 아는 사람은 다른 기쁨에 목말라하지 않습니다. 그래서 기꺼이 낯선 곳으로 떠날 수 있고 낮은 곳으로 향할 수 있습니다.

종교의 길과 신앙의 길은 차원이 다릅니다. 종교의 길은 종의 영을 받고 가는 길입니다. 그래서 불안하고 여전히 불만족스럽습니다. 무슨 일만 있으면 섭섭합니다. 그러나 신앙의 길은 양자의 길입니다. 항상 평안하고 언제나 기쁘며 감사가 끊이지 않습니다. 그래서 다른 사람을 대접할 수 있습니다.

교회 안에는 두 부류의 사람이 있습니다. 바울의 말대로 종의 영을 받은 사람과 아들의 영을 받은 사람입니다. 모두가 아들의 영으로 충만하고 더 이상 종의 영에 묶여 있지 않기를 바랍니다. 아들을 묶고 있는 종의 영이 나사렛 예수의 이름 앞에 두려워 떨며 떠나갈 것을 믿습니다. 왜 말씀을 읽습니까? 왜 기도합니까? 하나님의 자녀이기 때문입니다. 자녀는 아버지가 궁금합니다. 아버지의 뜻이 궁금하고 아버지의 말씀이 그립습니다. 아버지의 사랑 고백을 듣고 또 듣고 싶어 합니다.

우리는 아바 아버지께 기도합니다. 아들의 영이 아니고서는 아버지께 부르짖어 기도할 수 없습니다. 어린아이 같이 되지 않으면 아빠라고 부르지 못합니다. 하나님을 아빠라고 부르는 것이야말로 세상 어느 것보다 놀라운 특권입니다. 예수 그리스도의 십자가가 준 선물입니다.

WHY

SALVATION

8

chapter

━━━━━━━━━

의로움

구원은 한 사람이 그의 일생에서 받을
수 있는 최고의 선물입니다. 그걸 모른다면 구원을 받고도 가망
없는 삶을 살 것입니다. 구원을 받았는지조차 잊을지도 모릅니다.
구원받은 인생은 무엇과도 비교할 수 없습니다. 구원이란 인간 스
스로 이를 수 없는 정상(頂上)이기 때문입니다. 구원은 하나님의 일
방적인 결정이고 선택입니다. 적어도 구원에 관한 한 인간은 철저
하게 수동적일 수밖에 없습니다. 그러나 그 결과는 엄청난 변화를
가져옵니다. 거듭남을 경험하고 하나님의 자녀로 입양될 뿐 아니
라 죄인의 신분에서 의롭다고 인정받는 신분으로 변화를 경험합
니다.

세상은 남의 잘못을 들춰내느라 늘 바쁩니다. 없는 죄도 만들어 내는 판에 누구의 죄를 가려 줍니까? 세상은 눈을 크게 뜨고 다른 사람들의 허물을 찾는 곳입니다. 에덴동산에서 아담과 하와가 선악을 알게 하는 나무의 과실을 먹은 후로, 인간은 잘잘못을 따지고 시시비비를 가리는 데 열중해 왔습니다. 죄인들이 사는 세상의 증거가 무엇입니까? 선악 간에 시비가 그치지 않는다는 것입니다.

그런 점에서 한국인은 특히 시비를 가리는 데 무척 민감합니다. 자료에 따르면 한국인의 고소 및 고발 건수는 일본의 50배가 넘는다고 합니다. 인구 비율로 보면 100배가 넘는 수치입니다. 그야말로 툭하면 고소하고, 돌아서면 고발한다는 뜻입니다. 음해나 투서가 난무합니다. 고소고발이 옳고 그름을 충분히 가려내 줍니까? 법정에서 판결이 나도 좀처럼 인정하지 않는 일이 얼마나 많습니까. '유전무죄 무전유죄(有錢無罪 無錢有罪)'의 혐의만 짙어집니다. 인구의 30퍼센트가 크리스천인 나라에서 이게 무슨 일입니까? 이해되지 않는 일이지요. 구원받은 사람들의 삶과 구원받지 않은 사람들의 삶이 구별되지 않기 때문에 세상이 변하지 않는 것입니다. 오히려 점점 더 나빠지고 있습니다.

성경은 선악 간에 시비를 가리는 것을 금합니다만 크리스천의 삶은 어떻습니까? 비크리스천과 얼마나 다릅니까? 부끄럽게도 다르지 않습니다. 하나님의 이름을 걸고 따지고 비난하고 고소하는 일이 많습니다. 비성경적임에도 불구하고 아무도 개의치 않습니다. 되레 하나님께서 함께하시니 믿지 않는 사람들에 비해 자신이 더 의롭다고 주장하며 다른 사람들을 정죄하기까지 합니다.

의로움에 대한 오해가 큰 탓입니다. 성경에서 의롭다는 것이 무엇인지, 하나님께서 믿음을 의로 여긴다는 것이 무엇인지 정확히 알아야 합니다.

세 종교의 조상이 된
아브라함

창세기 12장에 아브라함이 처음 등장합니다. 유대교, 기독교, 이슬람교 세 종교가 다 그를 믿음의 조상이라고 부릅니다. 예수님에 대한 생각은 서로 확연히 다르지만 아브라함에 대한 생각만큼은 동일합니다. 아브라함이 믿음의 조상이 된 이유가 무엇입니까?

> 아브라함이 바랄 수 없는 중에 바라고 믿었으니 이는 네 후손이
> 이같으리라 하신 말씀대로 많은 민족의 조상이 되게 하려 하심
> 이라 롬 4:18

하나님의 말씀을 듣고, 믿고, 순종했기 때문입니다. 하나님이 먼저 그를 찾아와 제안하셨습니다. "너는 너의 고향과 친척과 아버지의 집을 떠나 내가 네게 보여 줄 땅으로 가라"(창 12:1). 막연한 명령입니다. 목적지의 주소가 명확하지 않습니다. 그러나 아브라함

은 말씀에 순종했습니다. 명령에 따르는 반대급부가 있었습니다. 이것 또한 하나님의 일방적인 약속이었습니다. "내가 너로 큰 민족을 이루고 네게 복을 주어 네 이름을 창대하게 하리니 너는 복이 될지라"(창 12:2). 뭘 보여 주신 것도 아닌데 아브라함이 이 말씀을 믿었습니다.

그런데 도대체 왜 아브라함입니까? 그에게 무슨 자격이 있습니까? 아무 자격도 없습니다. 하나님께서 일방적으로 선택하여 부르신 것입니다. 이것이 구원의 시작입니다. 우리의 구원을 보십시오. 무슨 자격이 있어서 구원받았습니까? 아닙니다. 이유도 알 수 없습니다. 아무리 생각해도 아무 자격을 발견하지 못해야 진정한 구원입니다.

구원의 시작과 출발은 '인간의 자격 없음과 이유를 알 수 없음'입니다. 만약 구원이 이해되고 구원의 조건과 자격이 헤아려진다면 그게 바로 교만입니다. 교만은 구원의 감격과 기쁨을 앗아갑니다. 구원의 기쁨이 왜 희미해집니까? 자신이 구원받을 만하다는 생각이 싹트기 때문입니다. 저 사람보다 내가 먼저 구원받을 만하고 더 크게 될 자격이 있다는 생각이 자라기 때문입니다. 율법과 공로 의식이 그렇게 만듭니다.

아브라함은 믿을 수 없는 것을 믿었습니다. 그는 바랄 수 없는 것을 바랐습니다. 큰 민족을 이루기는커녕 당장 아들이 하나라도 있었으면 하고 소원했습니다. 지금이야 온 세상이 그의 이름을 다 알지만, 그때는 갈대아 우르에서 무명한 한 사람에 불과했습니다.

이름이 창대해진다는 것이 도대체 무슨 뜻인지조차 알 수 없었던 시절입니다. 복이 될 것이라는 말씀은 막연하기 그지없습니다. 그냥 100평짜리 밭이라든가 소 100마리라고 하면 알아들을 텐데, '네가 복이 될 것'이라는 말은 머릿속에 그려지지도 않는 뜬구름일 뿐입니다.

바랄 수 없는 가운데 바라고, 믿을 수 없는 가운데 믿는 것이 믿음입니다. 우리는 믿음을 요구할 때 믿을 만한 것을 보여 달라고 요구합니다. 눈앞에 증거를 보여 주면 믿겠다고 합니다. 그러나 그것은 이미 믿음이 아닙니다. 믿어지는 게 아니라 이해하고 확인한다는 뜻이기 때문입니다. 믿음은 눈앞의 증거가 아닙니다. 믿음은 미래의 사건, 미지의 시점에 일어날 일에 대한 것입니다.

그래서 믿음은 관계를 다른 차원으로 이끌어 가는 유일한 힘입니다. 결혼은 한 남자와 한 여자가 평생 서로 사랑하고 존경하며 살겠다는 약속을 믿음으로 받아들이는 결단입니다. 도대체 하루 앞 일도 알 수 없는 두 젊은이가 무슨 근거로 평생 사랑하겠다는 말을 액면 그대로 받아들인단 말입니까? 그래서 결혼은 인생 여정 가운데 가장 큰 믿음 사건 중의 하나입니다. 많은 경우 속았다며 얼굴을 붉힙니다. 그러나 속은 것이 아니라 결혼 생활 도중에 믿음이 깨진 것입니다.

믿음은 끝까지 버티어야 약속이 이루어지는 것을 보는 특권을 선물합니다. 그래서 믿음은 순종이고 인내입니다. 약속이 이루어질 때까지 참고 견뎌야 합니다. 내가 당신을 끝까지 사랑할 것이라는 말을 이룰 때까지 오래 참고 견디는 것입니다. 아브라함이 이 믿음을 잃지 않고 지켰을 때 하나님께서 그를 의롭다 하셨습니다.

> 19 그가 백 세나 되어 자기 몸이 죽은 것 같고 사라의 태가 죽은 것 같음을 알고도 믿음이 약하여지지 아니하고 20 믿음이 없어 하나님의 약속을 의심하지 않고 믿음으로 견고하여져서 하나님께 영광을 돌리며 21 약속하신 그것을 또한 능히 이루실 줄을 확신하였으니 22 그러므로 그것이 그에게 의로 여겨졌느니라 롬 4:19-22

아브라함이 백 세가 되었을 때 그의 몸은 죽은 것과 같았습니다. 인생이 칠십이요 건강해도 팔십이라고 했는데 벌써 백 세가 되었습니다. 상식적으로 자녀를 가질 수 없는 나이입니다. 아내 사라도 마찬가지입니다. 태가 있긴 하지만 이미 없는 것이나 다름없습니다. 그런데도 아브라함은 믿었습니다. 현실적인 조건과 상황, 그리고 자신과 아내 사라를 보면 전혀 불가능한데도 말씀을 믿었을 뿐만 아니라 그 믿음을 지켰습니다.

왜 믿었습니까? 하나님의 약속이기 때문입니다. "네 씨가 크게 번성하여 하늘의 별과 같고 바닷가의 모래와 같게" 하겠다고 말씀하신 분이 하나님이기 때문입니다. 믿음은 자신과 이웃과 상황과 조건을 믿는 것이 아니라 오직 하나님의 말씀, 하나님의 약속, 하나님의 성품에서 비롯된 언약을 믿는 것입니다. 그래서 믿는다는 것은 하나님의 성품과 능력을 믿는 것입니다.

하나님의 약속을 믿는다는 것은 내 눈에는 보이지 않고 내 생각으로는 도저히 이해가 되지 않지만 하나님이 능히 약속을 이루시리라는 것을 믿는 것입니다. 하나님의 말씀은 능치 못함이 없다는 것을 믿는 것입니다. 하나님은 이 믿음을 의로움이라고 하십니다.

믿음은 하나님에게서 비롯된 것이고, 의로움은 하나님께 속한 것입니다. 하나님이 의롭다 하신 것이지 아브라함에게 어떤 의로움이 있었던 것이 아닙니다. 오히려 아브라함의 말과 행동은 실망스럽고 안타깝기까지 했습니다. 그는 가나안 땅에 도착하고서도 기근을 만나자 냉큼 약속의 땅을 떠나 애굽으로 내려갔습니다. 아내를 누이로 속였다가 잃을 뻔하기도 했습니다. 아들이 생기지 않자 종 엘리에셀을 양자로 삼겠다고 떼를 쓰기도 했고, 사라의 몸종 하갈과 동침해서 기어이 이스마엘을 낳기도 했습니다.

아브라함의 믿음의 여정을 보면 믿음의 조상답다는 확신을 갖기 어렵습니다. 하나님께서 때마다 개입하셔서 사태를 수습하고 아브라함이 붙든 믿음의 끈을 놓지 않도록 하셨습니다. 아브라함의 이야기는 그가 스스로 믿음을 지킨 이야기라기보다 하나님께서 그의 믿음을 빚어 가시는 이야기라고 하는 편이 정확합니다.

그래서 믿음에 관한 사건을 보면 늘 사람보다는 하나님을 보게 됩니다. 하나님은 당신이 모두 다 하시면서도 겨우겨우 따라오는 아브라함이 다 한 것처럼 보이게 하시고 심지어는 아브라함을 의롭다고 칭하셨습니다. 왜 그렇게까지 하셨습니까?

²³ 그에게 의로 여겨졌다 기록된 것은 아브라함만 위한 것이 아니요 ²⁴ 의로 여기심을 받을 우리도 위함이니 곧 예수 우리 주를 죽은 자 가운데서 살리신 이를 믿는 자니라 롬 4:23-24

제힘으로 의인이 되는 죄인은 없다

아담의 범죄를 봅시다. 아담과 하와는 하나님이 금지하신 과실을 먹었습니다. 명령을 어긴 것입니다. 그들은 하나님의 말씀이 아닌 사탄의 유혹을 선택했습니다. 뱀의 유혹을 받고 선악과를 보니 달리 보이기 시작했습니다. "선악을 알게 하는 나무의 열매는 먹지 말라 네가 먹는 날에는 반드시 죽으리라"(창 2:17)고 말씀하셨는데 "본즉 먹음직도 하고 보암직도 하고 지혜롭게 할 만큼 탐스럽기"(창 3:6)까지 했습니다. 아담의 눈에 그렇게 보인 것입니다. 눈에 보이는 대로 판단하고 그에 따라 행동했습니다. 이것이 죄입니다. 자기 감각과 자기 판단에 따라 사는 사람이 죄인입니다.

이 죄인을 어떻게 의인으로 만듭니까? 눈에 안 보이고 귀에 안 들리지만 한번 들었던 하나님의 말씀을 따라 사는 것, 내 생각과 내 판단과는 맞지 않지만 말씀하신 분이 하나님이기 때문에 믿고 따르는 것이 의로움입니다.

아브람이 여호와를 믿으니 여호와께서 이를 그의 의로 여기시
고 창 15:6

아담 이후에 세상에 의인은 없습니다. 죄가 얼마나 빠른 속도로
번져 나갔는지 하나님께서 사람을 지으신 것을 가슴 아파하실 정
도였습니다. 노아의 가족 여덟 명만 남기고 지면에 있던 사람들을
모두 홍수로 쓸어 버리셨습니다. 그런데 노아로부터 다시 죄가 번
식하기 시작했습니다. 하나님과 겨루어 이겨 보겠다고 바벨탑을
쌓기까지 했습니다.

하나님이 끝장을 내실 만도 한데 아브라함 한 사람을 다시 선택
하셨습니다. 아브라함 한 사람만을 위한 계획이 아니었습니다. 바
로 우리 모두를 위한 계획이었습니다. 구원 프로젝트가 가동되기
시작한 것입니다. 구원 프로젝트는 '죄인을 의인으로 만드는 것'입
니다.

구원은 다름 아닌 의로움입니다. 의로움이란 예수님을 죽은 자
가운데서 살리신 하나님을 믿는 믿음입니다. 바울은 인간이 의로
워질 수 있는 유일한 길이 어디서부터 시작되어 어디를 통과해 왔
는지를 알려 줍니다.

예수는 우리가 범죄한 것 때문에 내줌이 되고 또한 우리를 의롭
다 하시기 위하여 살아나셨느니라 롬 4:25

하나님은 아브라함과 언약을 맺을 때 양과 소와 비둘기를 쪼개 놓으라 하시고는 그가 잠든 사이에 홀로 지나가셨습니다. 계약 당사자가 함께 손을 잡고 쪼개어 놓은 짐승 사이를 걸어가야 하는데 하나님은 홀로 지나심으로써 일방적인 계약을 맺으셨습니다. 인간이 약속을 지킬 수 없음을 아셨기 때문입니다.

하나님은 약속을 일방적으로 선포하셨습니다. 우리는 이것을 기억해야 합니다. 인간이 약속을 지키지 않을 때 하나님께서 대신 죽으시겠다는 선언이자 무시무시한 약속입니다.

구원은 알고 보면 두렵고 떨리는 약속입니다. 결혼할 때 반지를 끼워 주면서 신랑이 신부에게 이렇게 약속하는 것과 같습니다.

"만약 당신이 나 외에 다른 남자를 가까이한다면 그때는 당신을 죽이는 대신 내가 할복자살하겠습니다."

무시무시합니다. 하나님은 아브라함과 일방적인 계약을 맺으셨고, 십자가로 그 약속을 지키셨습니다.

사도 바울이 이것을 깨달았습니다. 스데반이 돌에 맞아 죽어 가는 것을 지켜볼 때는 몰랐습니다. 자기가 크리스천을 핍박할 때는 몰랐습니다. 부활하신 예수님을 만나고 나서야 자기가 예수 그리스도를 핍박했다는 사실을 인정했습니다. 평생 죽을힘을 다해 하나님을 섬기겠노라고 다짐했고 그렇게 살아왔다고 믿었는데 알고 보니 되레 하나님께 대적했었음을 깨달았습니다. 누구보다도 하나님을 잘 믿는다고 생각했는데 사실은 하나님을 배신했다는 것을 알았습니다. 철석같은 믿음이 깨어졌습니다.

바울이 언약을 깨뜨린 탓에 예수님이 십자가에 달리셨습니다. 이 사실을 깨달은 바울이 얼마나 통곡했겠습니까? 서신서를 읽으면 바울의 통곡 소리가 들리는 듯합니다. 바울은 예수님의 십자가 죽음을 통해 부활을 깨달았습니다. 죄인을 의인으로 선언하시는 하나님을 보았습니다. 십자가에서 '다 이루었다'고 하신 말씀은 '이제 구원을 이루었다'는 뜻임을 깨달았습니다. 십자가와 부활은 의인이라곤 하나도 없는 세상 가운데 오셔서 구원받지 못할 죄인이 없도록 구원의 문을 활짝 여신 사건임을 깨달았습니다. 구원이 십자가와 부활의 의미였습니다.

의롭다하심보다
더 큰 복은 없다

바울은 여생을 오직 한 가지 목표, 즉 십자가와 부활의 본질을 알리는 데 집중하여 보냅니다. 십자가와 부활 덕분에 우리는 의인이 되었습니다. 더 이상 죄인이 아닙니다. 하나님께서 우리의 의로움을 위해 약속을 지키셨습니다. 그러나 우리에게 아무것도 요구하지 않으셨습니다. 죄인이 의인된 것은 오직 하나님의 성품에서 비롯된 일입니다. 이것이 전적인 은혜입니다. 구원은 완전한 은혜의 사건입니다. 바울은 하나님께서 십자가와 부활 사건을 통해 죄인을 의롭다 하신 구체적인 사례와 비유를 듭니다.

⁴ 일하는 자에게는 그 삯이 은혜로 여겨지지 아니하고 보수로 여겨지거니와 ⁵ 일을 아니할지라도 경건하지 아니한 자를 의롭다 하시는 이를 믿는 자에게는 그의 믿음을 의로 여기시나니 ⁶ 일한 것이 없이 하나님께 의로 여기심을 받는 사람의 복에 대하여 다윗이 말한 바 ⁷ 불법이 사함을 받고 죄가 가리어짐을 받는 사람들은 복이 있고 ⁸ 주께서 그 죄를 인정하지 아니하실 사람은 복이 있도다 함과 같으니라 <u>롬 4:4-8</u>

월급쟁이가 월급을 받으면서 "은혜로다. 은혜로다. 정말 큰 은혜로다" 하고 감동하는 경우는 없습니다. 일한 대가를 받는 것이기 때문입니다. 대가에 만족하는 사람은 거의 없습니다. 오히려 일한 것에 비해 적게 받는다고 서운하게 생각하기 쉽습니다. 그래서 세상에는 불만이 그치지 않습니다.

바울은 죄인을 의인이라고 불러 주신 것이 인간의 어떤 행위 때문이 아니라고 말합니다. 그저 의로우신 하나님을 믿었기 때문에 그 의로움이 전가된 것이라고 역설합니다. 믿음이란 하나님의 의로움이 흘러드는 수도관과 같다는 것입니다. 한 일이 아무것도 없는데 하나님께서 의롭다고 하셨습니다.

다윗의 고백에서 그 증거를 찾을 수 있습니다.

¹ 허물의 사함을 받고 자신의 죄가 가려진 자는 복이 있도다 ² 마음에 간사함이 없고 여호와께 정죄를 당하지 아니하는 자는

복이 있도다 ³ 내가 입을 열지 아니할 때에 종일 신음하므로 내 뼈가 쇠하였도다 ⁴ 주의 손이 주야로 나를 누르시오니 내 진액이 빠져서 여름 가뭄에 마름같이 되었나이다 ⁵ 내가 이르기를 내 허물을 여호와께 자복하리라 하고 주께 내 죄를 아뢰고 내 죄악을 숨기지 아니하였더니 곧 주께서 내 죄악을 사하셨나이다 시 32:1-5

다윗은 이 시를 통해 하나님께서 죄인을 의롭다 하시는 것보다 더 큰 복이 없다고 노래합니다. 사람이 왜 간사합니까? 죄를 가리고 악한 것을 숨기느라 간교해집니다. 인간은 그래서 가만히 놔두면 갈수록 더 간악해집니다.

죄인의 특징은 다른 사람의 죄를 지적하는 것입니다. 다른 사람을 험담하는 것이 특기입니다. 죄인의 입술은 끝없이 불평하고 불만을 드러냅니다.

회사 생활 25년을 돌아볼 때 기억나는 것들이 있습니다. 입사해서 퇴사할 때까지 직원들의 볼멘소리가 그친 날이 없었습니다. 지금 우리 사회가 그렇습니다. 많은 지식인들이 이 일에 앞장섭니다. 남을 비판해야 비로소 의로워지는 것으로 생각합니다. 다른 사람을 정죄하고 목소리를 높여야 자기가 정의의 편에 서 있음을 증명한다고 믿습니다. 아닙니다. 착각이고 오해입니다. 목소리를 높이는 사람치고 실제로 정의로운 사람이 없습니다.

문제는 내면입니다. 다른 사람을 공격하지 않고는 못 배길수록 그만큼 내 뼈가 삭습니다. 괴로움에 술을 마시고 도피하기 위해서 타락의 길로 접어듭니다. 남을 정죄하는 것이 정의로 빠져나오는 길이 아닙니다. 자신의 죄를 하나님께 고백하는 것이 빠져나오는 길입니다. '하나님을 믿으매 의롭다함을 얻는'(롬 4:3) 길입니다. 십자가와 부활이 죄인을 의인으로 만든 사건임을 인정하는 길입니다.

세례는 십자가의 죽음과 부활에 참여하는 의식입니다. 물에 들어가는 것은 죽음을 의미하고 물에서 나오는 것은 부활입니다. 죄인이 의인되는 것을 눈에 보이는 의식으로 행하는 것이 세례입니다.

일방적인 계약의 결과로
의로움을 얻다

사도 바울은 구원이란 십자가와 부활로 하나님께서 죄인을 의인으로 선언하신 것임을 깨닫고 죽는 날까지 이 사실만을 전하겠다고 결심했습니다.

> 23 모든 사람이 죄를 범하였으매 하나님의 영광에 이르지 못하더니 24 그리스도 예수 안에 있는 속량으로 말미암아 하나님의 은혜로 값없이 의롭다 하심을 얻은 자 되었느니라 롬 3:23-24

속량은 몸값을 내고 풀려나는 것을 말합니다. 구조되는 것이고, 자유롭게 석방되는 것이고, 인질이나 노예 상태에서 해방되는 것입니다. 이것이 구원입니다. 바울은 자기 같은 죄인을 하나님께서 값없이 의롭게 하셨음을 알았습니다. 그래서 인생의 모든 것을 쓰레기로 던져 버리고 굿 뉴스, 즉 복음을 전하기로 결심했습니다. 예수 그리스도의 십자가와 부활이 바울을 죄에서 건졌습니다.

> ³⁸ 그러므로 형제들아 너희가 알 것은 이 사람을 힘입어 죄사함을 너희에게 전하는 이것이며 ³⁹ 또 모세의 율법으로 너희가 의롭다 하심을 얻지 못하던 모든 일에도 이 사람을 힘입어 믿는 자마다 의롭다 하심을 얻는 이것이라 행 13:38-39

유대인들은 죄사함을 얻기 위해 그야말로 처절한 몸부림을 쳤습니다. 제사 의식은 일 년 내내 계속되었습니다. 모든 사람들이 자기 형편에 맞춰 동물 제사를 드렸습니다. 예루살렘 성전에 가면 날마다 피비린내가 났고, 유월절과 같은 절기 때에는 동물들의 피가 강같이 흘렀습니다. 그래서 인간이 달라졌습니까? 동물 제사 의식은 마치 사면 제도의 남용과도 같았습니다. 늘 사면받을 길이 열려 있으니 죄짓는 데 점점 더 익숙해질 뿐입니다. 율법을 지키는 길이 의인의 길인 것처럼 여겨졌기 때문에 온 유대 사람들이 율법 준수 경연대회를 열었습니다. 누가 율법을 얼마나 철저히 지키느냐로 평가를 내렸습니다. 하나님은 이 대회를 가증스럽게 여기셨습니다. "너희들이 가져오는 제물들은 냄새도 맡기 역겹다. 너희들은 입술로는 내 이야기를 하지만 마음은 나로부터 천리만리 떨어져 있구나" 하고 탄식하셨습니다.

하나님은 시간을 재고 계셨습니다. 때가 이르렀습니다. 아브라함과 맺은 약속이 더 이상 지켜지지 않으면 하나님 당신이 죽으시겠다는 약속을 지키셨습니다. 그것이 성육신 사건이고 십자가 사건입니다. 이제 죄와 사망의 법에서 생명과 성령의 법으로 옮겨졌습니다. 사법 제도가 완전히 달라졌습니다. 옛 언약은 새 언약으로 대체되었습니다. 모든 죄인이 의인으로 선포되었기에 죄 문서를 가져오기만 하면 다 태워 버리십니다. 그리고 우리를 얼싸안고 잔치를 베풀어 주십니다. 우리 손에 반지를 끼워 주십니다. 그리스도의 옷으로 의의 새 옷을 입혀 주십니다. 깨끗한 옷을 입고 다시 진흙탕 속으로 돌아가지 못합니다. 돼지와 사료를 나눠 먹던 그곳으로, 그 시간으로 다시 돌아갈 수 없습니다. 등을 떠밀어도 돌아가지 않을 것입니다. 이것이 구원이고 의로움입니다.

구원받았다는 믿음, 의로워졌다는 믿음, 하나님께서 나를 덫에서 빼내 주셨다는 믿음이 있어야 예전 상태로 돌아가지 않습니다. 하나님이 죄인을 의롭다 하셨을 때의 감격이 너무나 생생하기 때문입니다.

구원의 거대한 드라마는 어떻게 시작되었습니까? 하나님을 믿음으로써 하나님께 의롭다함을 받은 아브라함 한 사람으로부터 시작되었습니다. 종교개혁은 어떻게 시작되었습니까? 믿음만으로 의롭다함을 받은 마르틴 루터(Martin Luther) 한 사람으로부터 시작되었습니다. 숱한 고행과 면죄부에도 불구하고 죄인의 길에서 벗어나지 못하는 종교인들의 구원이 오직 믿음으로 받은 의로움에서 시작되고 완성됩니다. 값없이 받은 의로움의 가치가 얼마입니까? 아직 이 의로움을 받아들이지 않는 이웃들의 죗값은 얼마입니까? 두 값의 차이는 얼마나 됩니까? 예수님은 날마다 우리에게 이것을 물으십니다.

의롭다함을 받은 사람은 남의 죗값을 따지지 않습니다. 다른 사람의 죗값을 계산해 봐야 내가 받은 의로움의 값에 턱없이 모자라기 때문입니다. 왜 계산을 안 하겠습니까? 왜 부당한 일을 겪으면 서운하지 않겠습니까? 계속 어깃장을 놓는 사람을 보면 왜 화가 안 치밀겠습니까? 그런데 왜 이걸 다 덮습니까? 왜 사랑이 허다한 허물을 덮는다고 말합니까? 어떤 사랑이기에 남의 허물을 가려 주고 덮어 줍니까?

나 같은 죄인을 의롭다하신 사랑이기에 그렇습니다. 왜 교회입니까? 계산하고 따지고 비난하고 정죄해서는 결코 사람이 바뀌지 않고 세상이 달라지지 않기 때문입니다. 십자가와 부활에 대한 믿음 외에 의로워질 길이 없고, 하나님의 의롭다하심을 받지 않고는 사람과 세상이 달라질 길이 없기 때문입니다. 의로움을 받으셨습니까? 당신 덕분에 가정이 변할 것입니다. 의로워진 것을 믿으십니까? 당신 덕분에 주변이 변할 것입니다. 구원의 의로움을 전하고 계십니까? 당신 덕분에 세상이 변할 것입니다.

WHY

SALVATION

9
chapter

인내함

〜〜〜

고난을 인내함으로 이겨 내면
귀로만 듣던 하나님을
두 눈으로 뵙게 될 것입니다.

"도대체 하나님이 어디 계신가? 하나님
이 계시다면 왜 세상에 고통이 그치지 않는가? 하나님이 선하시다
면서 왜 그분이 지은 세상에 악이 이토록 번성하는가?"

인류 역사상 고통과 악의 문제만큼 오래된 질문도 없습니다. 사
실 답은 매우 단순합니다. 이런 질문에는 즉각적인 답보다 반문이
제격입니다.

"악이 창궐하는 세상인데 어떻게 우리가 아직 살아있는가? 선
하신 하나님이 나같이 악한 사람을 왜 지금까지 살려 두시는가?"

하나님의 선하신 뜻이 없다면, 그분의 보호하심이 없다면 우리
가 무슨 능력으로 이 악한 세상에서 살아남을 수 있겠습니까? 악

이 무서운 속도로 뻗어 갑니다. 그러나 다른 한편에서는 아름답고 선한 일들이 계속되고 있습니다.

하나님이 악을 허용하신 것이 아닙니다. 인간 스스로가 하나님을 거부하며 악을 선택한 것입니다. 악이 가득한 현실은 절대선이신 하나님을 떠난 죄인들이 만들어 낸 결과일 뿐입니다. 하나님은 빛을 창조하셨고, 어둠은 빛이 없는 상태인 것입니다.

우리는 하나님을 믿지 않는 사람들과 같이 살아갑니다. 하나님을 거부하는 사람, 하나님을 부정하는 사람, 하나님을 떠난 사람들과 함께 살아가야 합니다. 우리는 먼저 부름 받은 자로서 하나님의 구원의 뜻을 이루는 데 동참해야 합니다. 세상이 날로 더 악해진다면 이것은 그들의 책임이 아닙니다. 하나님을 알지 못하고, 죄가 무엇인지도 모른 채 치닫고 있는 세상 사람들이 돌이킬 수 있도록 인도할 책임이 우리에게 있는 것입니다. 시대의 책임이 크리스천에게 있다는 뜻입니다.

구원받은 사람으로서 어떻게 살아야 하는지 좀 더 진지하게 고민할 필요가 있습니다. 세상 사람들처럼 잘 먹고 잘사는 것이 구원의 은혜입니까? 권력과 부와 성공을 향해 줄달음질하는 것이 과연 구원의 목적입니까?

구원이란 세상이 악한 줄 모르고 살다가 악의 소굴에서 벗어나는 것입니다. 제힘으로는 빠져나올 수 없습니다. 그러나 먼저 스스로 결단해야만 합니다. 좀 더 깊은 차원으로 들어가면, 구원은 단순히 술이나 담배, 도박이나 마약을 끊는 것이 아닙니다. 악한 사람들의 손에서 벗어나는 것이 아닙니다. 그 이상입니다. 오직 자신만을 생각하고 자기중심으로 살아가는 세상의 악순환에서 벗어나는 것이 구원입니다.

왜 악에 빠집니까? 왜 악순환의 고리에 묶입니까? 자기 좋은 대로 살겠다고 하다가 빠져든 것입니다. 하나님을 떠나 자기 마음대로 살겠다고 하다가 덫에 걸린 것입니다. 하나님이 없어도 상관없다고 집을 뛰쳐나갔다가 악의 손에 붙들린 것입니다.

따라서 구원은 하나님에 대해 다시 눈을 뜨는 사건이고, 새로운 생명으로 거듭나는 삶입니다. 구원은 새로운 차원의 삶을 살게 합니다. 내가 시작할 수도 없고, 끝낼 수도 없는 삶입니다. 하나님이 시작하신 일이고 하나님이 마무리하실 일입니다.

그럼에도 불구하고 인간은 구원의 과정에 끊임없이 반응합니다. 어떤 반응입니까? 하나님이 택하고 부르실 때 돌아서는 반응, 일방적으로 죄사함을 받고 거듭나 의롭다하심을 받고 양자로 입양될 때 더 이상 종처럼 살지 않고 아들처럼 살아가려고 결단하는 반응입니다.

인내는
구원을 이룬다

구원의 주도권은 하나님께 있습니다. 이것은 변치 않는 진실입니다. 그러나 하나님의 구원이 이루어지기 위해서는 인간의 자발적인 반응이 따라야 합니다. 결국 구원의 과정에 있어서 인간에게 필요한 것은 반응하는 능력뿐입니다.

반응하는 능력은 곧 인간의 책임입니다. 책임이란 뜻의 영어 단어 responsibility를 보면 response와 ability가 합쳐진 단어임을 알 수 있습니다. 각각의 뜻을 풀어서 연결하면 '반응하는 능력'이란 뜻이 됩니다. 인간이 제 역할과 책임을 다하는 길은 하나님께 끝없이 '반응하는 일'이라는 뜻입니다. 구원을 위한 하나님의 계획이 느릿하지만 지속되고 있는 것은 반응을 통해 교감하고 계시기 때문입니다. 즉 하나님께서 일방적으로 구원을 이끌어 가시지만 단독으로 모든 것을 결정하지는 않으신다는 뜻입니다. 마치 바둑이나 장기를 두는 것과도 같습니다. 상대가 두는 수에 따라 맞수를 두는 과정이기 때문에 좁은 바둑판 같은 인생 위에 수많은 변수가 작용합니다. 비슷해 보이지만 같은 대국이 없습니다. 각 사람마다 그려 내는 것이 다르기 때문입니다.

하나님께 반응하는 인간의 능력에는 어떤 것들이 포함되어 있습니까? 첫 번째가 믿음이고 두 번째가 인내이며 세 번째가 순종입니다. 믿음으로 구원받고, 구원받고 나서 인내하고 순종하여 구원을 이루어 가는 것입니다. 구원의 뿌리에는 믿음과 은혜가 자리 잡고 있지만 구원의 과정에는 순종과 인내가 반드시 자리 잡고 있습니다. 인내는 우리 삶 속에서 이루어지는 구원의 과정에 필수적인 요소입니다.

구원받은 사람의 삶은 인내하는 삶입니다. 견뎌 내는 삶입니다.

참고 또 참는 삶입니다. 왜 인내해야 합니까? 자신한테서 벗어나는 삶을 살아야 하기 때문입니다. 기존의 생각과 습관, 사고와 경험의 사슬에서 벗어나기 위해 끊임없이 자신을 죽이는 삶을 살아야 하기 때문입니다.

히브리서 기자는 구원을 이루는 인내를 설명하기 위해 믿음의 선배들을 소개합니다. 그러고 나서 예수님이야말로 바른 인내의 기준임을 밝힙니다.

> 1 이러므로 우리에게 구름같이 둘러싼 허다한 증인들이 있으니 모든 무거운 것과 얽매이기 쉬운 죄를 벗어 버리고 인내로써 우리 앞에 당한 경주를 하며 2 믿음의 주요 또 온전하게 하시는 이인 예수를 바라보자 그는 그 앞에 있는 기쁨을 위하여 십자가를 참으사 부끄러움을 개의치 아니하시더니 하나님 보좌 우편에 앉으셨느니라 히 12:1-2

구원받았는데 왜 인내해야 합니까? 구원은 순간이지만 구원받은 이후의 삶은 과정이기 때문입니다. 구원받은 우리는 구원받지 못한 세상 속에서 계속 살아야 합니다. 악이 창궐한 세상 속에서 사명을 감당하며 살아가야 하기 때문에 인내할 수밖에 없습니다. 구원을 받았다고 해서 경주가 끝난 것이 아닙니다. 오히려 더욱 열심히 뛰어야 합니다. 당시 사람들은 경주할 때 옷을 벗고 뛰었습니다. 마찬가지로 구원받은 자들은 죄를 벗고 뛰어야 합니다. 이 경주는 완주가 목적입니다. 끝까지 뛸 수 있는가는 인내에 달렸습니다.

이전에는 달리는 목적이 나에게 있었지만 구원받은 이후부터는 예수님께 있습니다. 예수님은 믿음의 주요, 온전케 하시는 분입니다. 예수님이 믿음의 창시자이자 믿음의 완성자입니다. 우리의 순종도 인내도 예수님을 바라보는 데서 시작되고 끝이 납니다. 예수님을 보면 길이 보이고 답이 보입니다. 예수님의 십자가를 바라보면 신앙의 길이 보입니다. 예수님의 부활을 바라보면 고난을 이기신 힘과 능력이 어디서 오는지를 알게 됩니다.

예수님이 십자가의 고통과 수치를 개의치 않으신 것은 그 앞에 놓인 기쁨이 더 크기 때문이었습니다. 대체 어떤 기쁨이 십자가보다 더 큽니까? 바로 인간의 구원입니다. 영원한 생명의 잉태와 탄생입니다.

산모가 해산의 고통을 어떻게 이기는 줄 아십니까? 태어날 아이가 안겨 줄 기쁨을 미리 맛보며 견디는 것입니다. 열 달 간의 어렵고 힘든 시간을 자발적으로 견딥니다. 입덧의 괴로움을 이기고, 만삭이 될 때까지 몸의 불편함과 불어나는 고통을 이깁니다. 결혼 전에 그토록 관리하며 신경 쓰던 몸매를 기꺼이 포기합니다. 고통을 이기고 수치를 이기는 힘이 어디서 비롯됩니까? 태어날 아이가 줄 기쁨입니다.

구원의 과정은 새 생명을 잉태하고 낳는다는 점에서 출산과 매우 흡사합니다. 예수님은 우리의 거듭남을 위해 고통과 수치를 기쁘게 감당하셨습니다. 예수님은 구원을 위해 성육신하셨고, 구원을 위해 십자가를 지셨고, 구원을 위해 부활하셨습니다. 공생애 3년은 인간의 구원을 위해 온갖 핍박과 고난을 개의치 않으셨던 시간입니다. 인내의 시간이었습니다.

예수님을 바라봐야
인내할 수 있다

인내할 때 예수님을 바라봐야 하는 까닭은 무엇입니까? 예수님이 그 모든 것을 인내하셨기 때문입니다. 예수님은 참을 수 없는 것들을 참으셨습니다.

> 너희가 피곤하여 낙심하지 않기 위하여 죄인들이 이같이 자기에게 거역한 일을 참으신 이를 생각하라 히 12:3

구원받았는데 왜 사는 게 힘든지 이해할 수 없다며 불평하다가 하나님을 떠나는 사람들이 있습니다. 구원받으면 모든 것이 순탄해집니까? 하나님을 믿으면 고난이 사라집니까? 구원이 모든 것을 해결해 주리라고 믿는 믿음이 오히려 어깨를 더 짓누르고 낙심시킵니다. 구원의 본질에 대한 이해가 부족한 까닭입니다. 인내가 필수 요소라는 사실을 놓친 것입니다. 인내조차 제힘으로 할 수 없습니다. 예수님을 바라봐야 비로소 인내할 수 있습니다.

독신의 은사를 받은 사람들에게는 해당되지 않는 이야기입니다만 독신 생활이 지긋지긋해서 결혼을 간절히 원한 사람이 있다고 합시다. 결혼은 독신의 구원입니다. 그렇지만 결혼했다고 해서 독신 때의 고통과 고난이 다 사라집니까? 외로움에서 완전히 벗어나게 됩니까? 오히려 결혼을 통해 생각지도 못했던 일들을 경험하게 됩니다. 결혼의 진정한 의미를 알고, 깊은 사랑을 경험하기 위해서는 어떤 과정이 필요합니까? 인내입니다. 오직 참고 견디는 태도가 필요합니다. 믿고 순종하고 인내하는 것입니다. 결혼함으로써 독신으로부터 구원받았지만 인내함으로써 결혼 생활을 이어 가야 구원을 완성할 수 있습니다. 그럼으로써 어느 날 드디어 둘이 아닌 하나임을 깨닫게 됩니다.

취직도 마찬가지입니다. 청년 실업이 심각한 사회 문제입니다. 요즘은 대학 입학이 아니라 취직이 가장 심각한 문제입니다. 취직은 구직과 실업의 구원입니다. 구직자에게 입사 통지는 그야말로 구원의 소식입니다. 그런데 취직하면 고생 끝입니까? 아닙니다. 고생이 본격적으로 시작됩니다. 대학 다닐 때는 생각도 못하고 상상도 못했던 일들이 일어납니다. 실업 상태에서 구원받고 나서 주어진 직장 생활의 어려움은 어떻게 감당해야 합니까? 오직 인내함으로 참고 견디는 수밖에 없습니다. 견디다 보면 문득 깨달음의 순간이 옵니다.

'아! 직장이 그냥 일터가 아니구나. 단순히 먹고 살기 위해 일하는 곳이 아니구나. 하나님이 나를 이곳에 보내셨구나.'

이런 깨달음이 오는 순간 취직은 단순히 실직으로부터 구원받는 데 그치는 것이 아니라 다른 차원으로 접어드는 것입니다.

이런 의미에서 구원은 고난의 새로운 지평입니다. 물론 구원받기 전에도 힘들었습니다. 그러나 그 고난은 죄에 대한 무지와 내 죄로 인한 결과였습니다. 구원받고 나서 겪는 고난은 죄와 다투는 싸움이고 악의 핍박으로 인한 새로운 고난입니다. 내 안에 여전히 남아 있는 끈질긴 죄성으로 인한 고난입니다. 이 고난이 얼마나 힘든지 구원받은 사람들이 수없이 넘어집니다. 견디는 사람들도 성한 데가 없이 피투성이 상태로 견딥니다.

> 너희가 죄와 싸우되 아직 피흘리기까지는 대항하지 아니하고
>
> 히 12:4

인내가 왜 필요합니까? 죄와 싸워야 하기 때문입니다. 인내가 왜 어렵습니까? 전에는 밖에서만 싸웠는데 이제는 자기 안에서도 싸워야 하기 때문입니다. 안에서의 싸움은 밖의 싸움보다 더 격렬합니다. 나를 넘어뜨리려는 유혹이 더욱 은밀하고 집요하게 접근합니다.

영화 〈파파로티〉의 실제 주인공인 테너 가수 김호중 씨는 어려서부터 체구가 커서 고등학교 1학년 때 폭력조직의 주목을 받고 강제로 입단되기까지 했습니다. 울산에서 부산까지 폭력 출장을 다닐 정도였습니다. 그만큼 조직에서 벗어나기가 어려웠습니다.

이제 그만 떠나겠다고 했다가 밤새 얻어맞고 피투성이가 된 채 실신하기도 했습니다. 그러나 할머니의 죽음을 계기로 그는 파바로티의 노래를 듣고 꿈꿔 왔던 성악을 다시 시작하면서 새로운 인생을 살기 시작했습니다. 그러나 싸움꾼으로 살던 때와 비교할 수 없는 또 다른 고난의 길이 시작되었고, 지금도 그 길을 계속 걷고 있습니다. 이전보다 더 힘들고 고통스러운 길입니다. 그러나 기쁨으로 가는 길이고 내면의 모든 유혹을 이기며 가는 길이기에 포기하지 않는 것입니다.

자녀의 징계라면
기꺼이

구원받고도 또다시 죄로 돌아가는 이유가 무엇입니까? 피 흘리기까지 싸우지 않았기 때문입니다. 왜 유혹에 또 빠집니까? 죽도록 싸우지 않았기 때문입니다. 왜 약속을 쉽게 저버립니까? 목숨 걸고 지키지 않았기 때문입니다. 왜 가정이 깨집니까? 죽기까지 지키지 않았기 때문입니다. 무릇 지킬 만한 것은 목숨을 걸지 않고는 지켜지지 않습니다.

히브리서 말씀은 우리가 인내해야 하는 이유를 더욱 분명히 밝혀 줍니다.

또 아들들에게 권하는 것같이 너희에게 권면하신 말씀도 잊었도다 일렀으되 내 아들아 주의 징계하심을 경히 여기지 말며 그에게 꾸지람을 받을 때에 낙심하지 말라 ^{히 12:5}

구원을 통해 종이 아들이 됩니다. 아들이 되면 꾸지람을 받지 않습니까? 어느 부모가 사랑하는 자녀를 제멋대로 살도록 내버려 둡니까? 어린 자녀들은 부모로부터 심하게 야단맞으면 이상한 생각을 하곤 합니다.

'내가 우리 엄마 아빠 자식이 아닌가 보다. 친부모라면 나를 이렇게까지 야단치실까?'

반대로 생각해야 정상입니다.

'내가 이렇게까지 말썽을 부리는데도 왜 호되게 야단치시지 않나? 내 친부모가 아닌가 보다.'

그런 생각이 들어야 합니다. 부모는 사랑하는 자녀를 그냥 버려두지 않습니다.

> ⁶ 주께서 그 사랑하시는 자를 징계하시고 그가 받아들이시는 아들마다 채찍질하심이라 하였으니 ⁷ 너희가 참음은 징계를 받기 위함이라 하나님이 아들과 같이 너희를 대우하시나니 어찌 아버지가 징계하지 않는 아들이 있으리요 ⁸ 징계는 다 받는 것이거늘 너희에게 없으면 사생자요 친아들이 아니니라 ^{히 12:6-8}

구원받은 다음에도 왜 인내해야 합니까? 반드시 징계가 있기 때문입니다. 자녀가 되면 왜 인내해야 합니까? 그에 합당한 징계가 있기 때문입니다. 하나님이 우리를 자녀로 대하시면 징계가 있을 것입니다. 남의 자녀에게 하지 않는 잔소리를 하시고, 남에게는 하지 않는 호된 꾸지람도 반드시 하십니다. 합당하게 반응하지 않을 경우에 그냥 넘어가지 않으시고, 필요할 때는 채찍질도 주저하지 않으십니다. 양자된 우리는 참고 견뎌야 합니다. 자녀가 되었기 때문에 받는 징계라서 그렇습니다. 아무 징계가 없다면 오히려 더 큰 문제입니다. 자녀가 아니라는 증거이기 때문입니다.

세상에 가장 큰 불행이 무엇인지 아십니까? 악한 일을 하고도 세상적으로 잘되는 것처럼 보이는 것입니다. 부당한 방법으로 선거에서 이겼습니다. 잘된 것입니까? 나중에 당선 무효 판결을 받아도 잘된 것이라고 말할 수 있습니까? 오히려 낙선한 것보다 더 못한 것 아닙니까? 부정한 방법으로 돈을 많이 벌었다면 잘된 것입니까? 아닙니다. 그 돈이 없으면 하지 않았을 일을 하다가 나중에 어떻게 되는지 끝까지 지켜보십시오. 육신이 건강하면 다 좋은 것입니까? 건강한 몸으로 부지런히 죄 짓고 사는 것이 잘사는 것입니까? 비록 몸이 아파도 누군가를 위해 기도하며 사는 것이 더 낫지 않습니까? 《빙점》의 저자 미우라 아야꼬(三浦綾子)는 그래서 "아프지 않으면 드리지 못할 기도가 있다. 아프지 않으면 믿지 못할 기적이 있다"고 고백하기도 했습니다.

구원이 무엇입니까? 세상 방법으로 잘되는 것을 내버려두지 않으시는 하나님의 징계를 받아들이는 것입니다. 자기 욕심껏 살다가 자녀를 내버려두지 않는 하나님의 손길에 자신을 맡기고 인내하며 징계가 끝나기를 기다리는 것입니다. 구약의 역사는 무엇입니까? 종을 아들 삼으시고, 사랑하는 아들이 곁길로 가면 징계하시는 이야기입니다. 그렇다고 징계가 아버지 사랑의 전부가 아닙니다.

> 9 또 우리 육신의 아버지가 우리를 징계하여도 공경하였거든 하물며 모든 영의 아버지께 더욱 복종하며 살려 하지 않겠느냐 10 그들은 잠시 자기의 뜻대로 우리를 징계하였거니와 오직 하나님은 우리의 유익을 위하여 그의 거룩하심에 참여하게 하시느니라 히 12:9-10

히브리서 기자는 반문합니다. 육신의 아버지가 자녀를 징계할 때에도 여전히 공경을 받거늘 하나님 아버지는 어떠하셔야 하겠냐는 것입니다. 더욱 복종하며 살려고 해야 하지 않겠습니까? 육신의 아버지는 아버지의 뜻대로 징계하지만 하나님 아버지는 오직 자녀 된 우리의 유익을 위해 징계하십니다. 징계의 목적은 단 하나, 하나님 아버지의 거룩한 성품을 닮아 가도록 하기 위함입니다.

구원의 목적이 거룩함의 회복에 있기에, 징계의 목적도 거룩함에 있고, 인내의 목적도 거룩함에 있습니다.

사도 야고보는 거룩함이야말로 부족함이 없는 삶임을 깨달았습니다.

³ 이는 너희 믿음의 시련이 인내를 만들어 내는 줄 너희가 앎이
라 ⁴ 인내를 온전히 이루라 이는 너희로 온전하고 구비하여 조
금도 부족함이 없게 하려 함이라 <u>약 1:3-4</u>

인내해야 하는 까닭을 사도 야고보가 일러 줍니다. 신앙의 경주
는 인내하는 과정입니다. 시험이 오고 고난이 오고 어려움이 오면
인내하십시오. 그 인내가 당신을 더욱 성숙하고 더욱 온전한 삶으
로 이끌 것입니다. 인내가 부족함이 없는 삶으로 인도할 것입니다.
야고보의 고백은 경험해 보지 않고는 알려 줄 수 없는 이야기입니
다. 인내해 보지 않고 할 수 없는 말이고, 인내한 결과 거룩한 삶에
이르지 않고는 해줄 수 없는 이야기입니다.

구원을 이루는 삶은 곧 성숙해 가는 삶이고 조금도 부족함이 없
는 삶이지만 인내 없이 그 삶을 누릴 수 없다는 말씀입니다.

무릇 징계가 당시에는 즐거워 보이지 않고 슬퍼 보이나 후에 그로
말미암아 연단 받은 자들은 의와 평강의 열매를 맺느니라 <u>히 12:11</u>

징계를 받을 때는 징계가 즐겁지 않지요. 벌을 받을 때는 벌이
기쁘지 않습니다. 고난받는 중에는 눈물을 많이 흘립니다. 한숨과
탄식으로 밤잠을 이루지 못합니다. 그러나 그 후에 어떻게 됩니
까? 눈물로 씨를 뿌렸더니 기쁨으로 단을 추수하지 않습니까? 고
난의 시간을 보냈더니 정금같이 되어 나오지 않습니까? 연단 받고

났더니 의와 평강의 열매가 맺히지 않습니까?

> 내가 주께 대하여 귀로 듣기만 하였사오나 이제는 눈으로 주를
> 뵈옵나이다 욥 42:5

욥의 고백이 가슴에 와닿습니까? 연단 중에 있다면 믿음의 선배들의 이야기에 귀 기울여야 합니다. 말씀에서 힘을 얻으십시오. 고난받기 전에는 알지 못했던 것들을 알게 될 것입니다. 고난을 인내함으로 이겨 내면 귀로만 듣던 하나님을 두 눈으로 뵙게 될 것입니다. 마음이 높을 때는 안 보이던 하나님이 마음이 가난해지고 청결해지면 비로소 보입니다.

인내는 우리를
바꿔 놓는다

극한 스포츠를 즐기는 사람들이 이해 됩니까? 그들이 왜 절벽에서 로프를 묶고 뛰어내립니까? 왜 높은 산에 올라가서 행글라이딩을 합니까? 왜 세상의 높다는 산은 다 찾아다니면서 기어코 정상에 올라갑니까? 이해가 됩니까? 자전거를 타고 다닐 수 있는 평짓길이 지천으로 깔렸는데 왜 굳이 자전거를 어깨에 메고 길도 없는 산에 오릅니까? 나는 잘 이해가 안 됩니다.

마찬가지입니다. 고난 가운데 뛰어드는 사람들이 이해됩니까? 지진이 나고 자연재해가 닥치면 소식을 듣자마자 달려가는 사람들이 있습니다. 자기 월급으로 비행기 표를 끊고 회사에 휴가를 내고 달려가는 이들이 있습니다. 이해가 됩니까?

바울이 그 이유를 알려 줍니다.

> 3 다만 이뿐 아니라 우리가 환난 중에도 즐거워하나니 이는 환난은 인내를, 4 인내는 연단을, 연단은 소망을 이루는 줄 앎이로다 롬 5:3-4

바울이 구원을 받았습니다. 예수님을 만나기 전까지는 구원받았다고 믿었지만 구원의 본질을 몰랐습니다. 가짜 구원에 속아 살았던 것입니다. 그래서 다른 사람들을 핍박하는 사람이 되었습니다. 부활하신 예수님을 만나고서야 진짜 구원을 받았습니다. 그러자 삶의 방향이 정반대로 돌아갔습니다. 핍박하는 사람에서 핍박받는 사람이 되었습니다. 그런데도 환란 중에도 즐거워할 줄 아는 사람이 되었습니다. 닥쳐올 고난까지도 기뻐하는 사람이 되었습니다.

이것이 성숙입니다. 이것이 인내의 열매입니다. 그는 오히려 환란을 만나야 하고, 고난을 겪어야 한다고 주장합니다. 그래야 인내를 얻게 된다고 충고합니다. 인내는 저절로 생기지 않습니다. 고난 가운데서 얻는 선물입니다. 이것이 바울이 깨달은 비밀입니다.

인내는 우리의 성품을 바꿔 놓습니다. 인내는 우리를 옛 사람과 다른 새 사람으로 바꿔 놓습니다. 한마디로 자기중심에서 하나님 중심으로 바뀝니다. 인내는 복수를 꿈꾸지 않습니다. 인내는 참고 참다가 폭발하는 것이 아닙니다. 진정한 인내는 내 성품을 바꾸고 내 이웃의 성품에까지 영향을 끼칩니다. 인내가 나를 빚고 나서 비로소 남을 바꾸기 시작합니다.

인내가 악순환의 고리를 끊습니다. 그리고 선순환의 새로운 고리를 만들기 시작합니다. 인내가 빚어낸 성품이 새로운 소망을 낳습니다. 회복에 대한 소망, 변화에 대한 소망, 또 다른 생명에 대한 소망을 낳습니다.

시편 기자가 이 소망의 고백을 노래했습니다.

> 고난당하기 전에는 내가 그릇 행하였더니 이제는 주의 말씀을 지키나이다 시 119:67

> 고난당한 것이 내게 유익이라 이로 말미암아 내가 주의 율례들을 배우게 되었나이다 시 119:71

하나님을 알고 싶고, 하나님을 만나고 싶고, 말씀대로 살고 싶다면 고난 가운데로 들어가야 합니다. 고난 속으로 뛰어들어야 합니다. 전율을 느끼고 싶은 사람은 아득히 높은 곳에 오르거나 위험한 곳에 뛰어들면 됩니다. 그러나 인내의 성품을 얻고 싶다면,

새로운 성품을 덧입고 싶다면 높은 곳 대신 낮은 곳을 향해 가야 합니다. 편안한 곳이 아니라 힘든 곳으로 가야 합니다. 왜 자녀들을 선교지로 아웃리치 보냅니까? 집보다 편한 데가 어디 있습니까? 왜 굳이 사서 고생합니까? 고난당하는 것보다 유익이 없고, 고난 중에 인내하는 것보다 더 좋은 길이 없기 때문입니다. 십자가의 길보다 더 나은 길이 없기 때문입니다.

십자가는 인내의 절정이요 정상입니다. 제힘으로 인내할 수 있는 것이 하나도 없습니다. 나의 인내가 아니라 하나님 아버지의 인내로 서는 곳이 바로 십자가입니다.

우리는 인내가 실종된 시대를 살고 있습니다. 점점 종말로 치닫는 까닭은 인내심이 엷어지고 있기 때문입니다. 기독교가 천박해졌다는 비난은 이 때문입니다. 성도들의 인내, 믿음의 경주를 완주하기 위한 인내가 사라지고 있기 때문입니다. 신앙의 기쁨을 맛보기가 어려워졌다면 다른 사람들 때문이 아닙니다. 몇몇 교회 때문도 아닙니다. 자신의 인내가 바닥났기 때문입니다. 구원의 본질에 대한 오해 때문입니다. 구원받으면 잘살 것이라고 말합니다. 구원받으면 부자가 되고 건강해질 것이라고 말합니다. 그럴 수 있습니다. 그러나 그것이 구원의 목적과 본질이 아닙니다. 오히려 그 반대입니다.

구원받고 나서 되는 일이 없습니까? 잘될 조짐입니다. 진짜 잘되는 인생의 서곡입니다. 무엇이 진짜 잘되는 것입니까? 부족함이 없는 삶을 사는 것입니다. 얼마만큼 가졌는지가 더 이상 중요하지 않기 때문에 부족함이 없습니다. 그것은 기쁨과 평강의 열매가 주렁주렁 열리는 삶입니다. 기쁨과 평강은 조건과 환경에서 비롯되지 않습니다. 세상에서 맛볼 수 없는 거룩의 기쁨이요, 세상 어떤 것으로도 바꿀 수 없는 거룩의 평강입니다. 의와 평강의 열매를 위해 고난 속으로 뛰어들고 인내로 고난을 이겨 냅니다.

인내함이야말로 구원받은 삶의 열매입니다. 얼마나 인내하고 계십니까? 피 흘리기까지 인내하십시오. 십자가를 지고 인내하십시오. 십자가란 다른 사람들 때문에 지는 것이지 내 잘못 때문에 지는 것이 아닙니다. 고난도 인내도 다른 사람들 때문에 감당하는 것이지만 그 열매는 내 삶에서 맺어집니다. 그래서 고난을 가져다 준 사람과 인내를 가르쳐 준 사람에게 감사할 수 있습니다.

WHY
SALVATION

10
chapter

함께함

구원은 예수님의 십자가에 심기어
무덤에서 사흘간 예수님과 함께
싹을 틔우는 새 생명입니다.

　　　요즘 사람들은 구원에 대해 별 관심이
없는 것 같습니다. 이단들의 소란 탓일 수도 있습니다. 언제부턴가
구원은 이단 종교나 광신도를 연상시키는 부담스러운 단어가 되
었습니다. 구원이 무엇인지를 알면, 구원의 감격이 삶을 어떻게 변
화시키는지를 알면 전에 알지 못했던 기쁨을 누릴 수 있을 텐데,
안타까울 따름입니다.

　구원이 무엇인지 온전히 알고, 날마다 구원을 이루며 살고 있다
면 두 가지 상반된 변화가 일어날 것입니다. 한 사람은 구원의 감
격을 주체할 수 없어서 목사의 설교가 더 이상 필요 없을 정도로
역동적인 삶의 변화를 경험할 것입니다. 또 한 사람은 구원에 대

한 말씀을 읽고 또 읽고, 듣고 또 들을 것입니다. 성경 전체가 구원 이야기이기 때문에 말씀이 무궁무진합니다. 구원 이야기는 머리가 아닌 심장을 뛰게 하고 날마다 새로운 삶을 살게 합니다.

구원은 하나님에게서 시작된 이야기입니다. 하나님이 인간을 지으셨고 사랑하시기 때문에 시작된 일입니다. 우리를 택하시고 부르시고 죄를 사하시고 다시 자녀임을 확인해 주시고 의롭다 하셨습니다. 우리가 할 일은 다만 돌이키고 받아들이고 인내하고 순종하는 것뿐입니다.

구원이 무엇입니까? 집 나갔다가 다시 돌아오는 것이고, 하나님이 싫다고 멀리 떠났다가 하나님이 어떤 분이신지 새삼 깨닫고 돌아와 함께 사는 것입니다. 구원은 하나님과 함께하는 삶입니다.

구원은 단순히 종교 교리 중 하나가 아닙니다. 구원은 새 생명이고, 죄로부터 돌이켜 거듭난 삶입니다. 예수님이 십자가와 부활로 가르쳐 주신 것입니다. 구원은 종교가 아닙니다. 종교는 생명을 소진시켜 선행의 마일리지를 쌓는 일이지만, 구원은 마일리지 없이 그냥 빈손으로 새 생명을 얻는 일입니다. 종교는 다가가기 어려운 신을 만나기 위해 마일리지를 쌓아야 하지만, 구원은 하나님 아버지가 친히 찾아와 손을 내미실 때 맞잡으면 그만입니다. 하나님과 손잡고 함께 걷는 것으로 충분합니다.

십자가에 심김으로
함께한다

　　　　구원이란 하나님과 함께함인데, 예수님의 십자가의 죽음과 부활 사건을 통해서 함께하는 것입니다. 사도 바울은 예수님을 만나기 전에 그토록 구원의 본질에 다가가고자 열심을 다했지만 더 목마르고 더 강퍅해질 뿐이었습니다. 그는 예수 그리스도 없이도 구원을 이룰 수 있다고 믿었던 사람입니다. 그랬던 바울이 부활하신 예수님을 만나자 자기가 추구했던 구원은 종교적 행위에 불과했음을 깨달았습니다. 사도가 되어서야 비로소 구원의 본질을 꿰뚫을 수 있었습니다.

　바울은 바리새인 중에 바리새인이라고 자부할 만큼 종교적으로 누구보다도 열심을 다했던 사람입니다. 그래서 예수 믿는 사람들을 찾아다니며 핍박하기도 했습니다. 가말리엘의 문하에서 위대한 랍비가 되는 꿈을 꾸었겠지만 그 길 가운데 구원이 없다는 것을 뒤늦게 깨달았습니다. 종교적 열심이나 행위가 구원과 연결되는 것이 아님을 안 것입니다.

　예수님이 십자가를 통과해야만 하셨던 이유를 깨달은 바울은 구원이 예수님에게서 시작된 사건임을 알았습니다. 구원의 본질이 십자가에 있음을 깨달은 것입니다. 그 다음부터 올바른 구원을 알리는 것이 그의 삶의 목적이 되었습니다. 거대한 종교적 시스템 속에 갇힌 많은 유대인들이 바울이 그랬던 것처럼 구원은커녕 지옥으로 달려가고 있는 게 보였기 때문입니다. 그의 마음에는 동족을 향한 안타까움이 가득했습니다.

> 만일 우리가 그의 죽으심과 같은 모양으로 연합한 자가 되었으
> 면 또한 그의 부활과 같은 모양으로 연합한 자도 되리라 롬 6:5

예수님이 구원이십니다. 어떻게 해서 예수님이 구원이 되셨습
니까? 먼저 죄 없이 죽으셨기 때문입니다. 죄 없으신 분이 인류의
죄를 뒤집어쓰고 죽으셨기 때문입니다. 크리스천의 세례는 그분
의 죽으심에 연합하는 것을 의미합니다. 크리스천이 된다는 것 자
체가 그리스도의 죽으심과 연합하는 것입니다. 여기서 바울이 사
용한 '연합'은 헬라어로 '쉼퓌토스(σύμφυτος)'인데 성경에서 단 한
차례, 여기 로마서 6장 5절에서 유일하게 쓰인 단어입니다. '쉼퓌
토스'는 '처음부터 함께 심는다, 함께 자란다'는 뜻의 '쉼퓌토'라는
동사에서 나온 형용사입니다. 그래서 '선천적, 연합하는'이란 뜻으
로 쓰입니다.

예수님 외에 다른 길이 없음을 깨달은 바울이 유대인들에게 구
원이 어떻게 시작되는지를 알리기 위해 고심 끝에 고른 단어가 '연
합'입니다. 영어 성경은 헬라어 쉼퓌토스를 'united with'(결합된)로
번역했습니다. KJV성경만 'planted together'(함께 심긴)라고 직역했는
데 NKJ성경은 'united together'(하나된)로 다시 번역했습니다. 한글 성
경은 공동번역만 '하나된'으로 번역했습니다. 사도 바울의 원래 의
도에 가장 가까운 해석은 '함께 심어졌다'입니다. "예수님과 함께

십자가에 심어져야 한다"는 것입니다. 즉 예수님의 죽으심, 예수님의 다시 사심과 같은 모양으로 연합해야 한다는 뜻입니다.

구원은 죽음이 아니라 부활이고 생명입니다. 부활은 죽음에서 비롯됩니다. 죽어야 부활할 수 있습니다. 죽은 체만 해서는 안 되고 진짜로 죽어야 합니다. 구원은 예수님의 십자가에 심기어 무덤에서 사흘간 예수님과 함께 싹을 틔우는 새 생명입니다. 사도 바울이 예수님과의 연합을 통해 말하고자 한 것이 이것입니다.

오늘날 구원이 왜 희미합니까? 예수님과 함께 죽지 않아서 그렇습니다. 십자가에서 함께 죽음으로써 시작하지 않기 때문입니다. 그러니 구원의 능력이 없습니다. 변하고 싶어도 변하지 않습니다. 변했나 싶은데 돌아보면 제자리입니다. 분명히 머릿속에는 구원이 있는데 심장은 뛰지 않습니다. 자기 욕심 하나 버리지 못하고, 습관 하나 바꾸지 못하고, 성격 하나 고치지 못하는 구원이 되었습니다. 구원받았다는 말만 알지 구원이 실제 삶과 무슨 상관이 있는지 알 수 없습니다. 삶이 바뀌어야 한다는 생각이 들 때면 이상 행동만 하나씩 늘어납니다. 달라진 게 없는데 달라진 것처럼 사느라 성격만 더 꼬입니다.

왜 그렇습니까? 구원받았는데 왜 하나도 달라지는 것이 없습니까? 예수님의 십자가에서 시작하지 않고 자기 소원에서 시작하기 때문입니다. 안 될 일을 되게 만드는 기이한 능력과 기적 같은 데서 시작하려고 하기 때문에 오히려 구원의 능력이 사라지고만 결과를 낳았습니다. 더구나 능력과 기적만 바라보기 때문에 믿음을 쉽게 버립니다.

구원의 진실은 십자가에 있습니다. 죽음에서부터 시작하지 않으면 결코 크리스천이 될 수 없습니다. 자기가 죽어야 크리스천이 태어납니다. 진짜로 죽어야 부활합니다. 옛 생명이 죽어야 새 생명이 탄생합니다. 각자 십자가를 지고 자신의 죽음을 통과해야만 진정한 구원에 이릅니다. 죽은 체해 봐야 무늬만 크리스천이 될 뿐입니다. 세상에 아무리 크리스천이 많아도 세상이 본질적으로 달라지지 않는 이유입니다.

죄가 주인 노릇하지
않게 하려면

십자가에 심김으로써 그리스도와 연합한다는 것은 무슨 뜻입니까?

> 6 우리가 알거니와 우리의 옛 사람이 예수와 함께 십자가에 못 박힌 것은 죄의 몸이 죽어 다시는 우리가 죄에게 종 노릇 하지 아니하려 함이니 7 이는 죽은 자가 죄에서 벗어나 의롭다 하심을 얻었음이라 롬 6:6-7

구원이란, 먼저 나의 옛 사람이 예수님과 함께 십자가에 못 박히는 것입니다. "그의 죽으심과 같은 모양으로 연합한"(롬 6:5)이란 표현이 "예수와 함께 십자가에 못 박힌"(롬 6:6)이란 표현으로 반복되었습니다. 죄의 몸이 죽어야 다시는 죄의 종노릇하지 않는다는 뜻입니다.

변해야 한다는 것도 알고 변하려고 무던히 애를 써보기도 하는데 왜 어제나 오늘이나 변함이 없을까요? 여전히 죄의 몸으로 살고 있고, 여전히 죄에게 종노릇하기 때문입니다. 종은 어떤 사람입니까? 주인의 뜻대로 움직이는 존재입니다. 예컨대 '시기'가 주인이 되면 시기하라고 명령을 내립니다. 머리로는 시기가 어리석은 행동이라는 걸 알지만 생각과 달리 시기하는 인물로 점점 변해 갑니다. '분노'가 주인이 되면 매사에 분노하라고 지시합니다. 이런 일로 분노하는 것은 어리석다고 생각하면서도, 분노하지 않으려고 숨을 깊이 들이마시면서도 끝내 주인에게 굴복하고 분노로 폭발하고 맙니다. 죄의 주인은 사탄입니다. 죄에게 종노릇하면 결국 사탄에게 종노릇하는 것입니다.

죄가 주인 노릇하지 않게 하려면 어떻게 해야 합니까? 십자가에서 예수님과 함께 죽고, 무덤에서 예수님과 함께 부활해야 합니다. 구원이 무엇입니까? 무엇이건 예수님과 함께하는 것입니다. 다른 종교에는 왜 구원이 없습니까? 예수 그리스도가 없기 때문입니다. 예수 그리스도 없이 혼자 수양하고 수련하고 명상해도 구원이 가능하다고 믿기 때문입니다. 그러나 예수 그리스도 외에 구원은 없습니다. 인간의 숱한 종교에는 원래 구원이 없습니다.

예수님은 빈집을 깨끗이 청소해 놓으면 귀신 하나가 더 악한 귀신 일곱을 데려오니 나중 형편이 전보다 더 나빠질 것이라고 말씀하셨습니다. 이 세대가 왜 이리 악합니까? 왜 점점 더 악해집니까? 예수님 없이 구원이 가능하다고 고집부리기 때문입니다.

무늬만 크리스천인 사람들을 보면 두 가지 유형으로 나눌 수 있습니다. '가상 임신형'과 '임신 망각형'입니다. 실제로는 임신이 안 됐는데 임신한 줄로 착각하는 게 가상 임신입니다. 임신했다고 믿으니 실제로 증후를 나타내기도 합니다. 배가 불러 오고 입덧까지 합니다. 그런데 때가 돼도 아이는 나오지 않습니다. 애초부터 아기가 없었으니 당연합니다. 신앙생활에서도 그럴 수 있습니다. 매주 교회에 꼬박꼬박 출석하고, 헌금도 하고, 구제도 합니다. 성경 공부도 하고 단기 선교 여행도 갑니다. 그런데 열매는 없습니다. 삶의 변화가 없습니다.

제가 아는 한 분은 좋은 교회에서 같은 구역에 속한 성도들과 오랫동안 친분을 쌓으며 모임을 가졌습니다. 모일 때마다 말씀 묵상을 나누는데, 얼마나 은혜가 넘치던지 눈물을 흘리는 일이 많았다고 합니다. 서로 눈물을 닦아 주며 이야기를 나누고 마무리 기도까지 하고 나면 분위기가 반전됩니다. 자식 자랑에 열을 올리고 남의 험담을 하느라 시끄럽다고 합니다. 이게 바로 '가상 임신형' 성도들입니다.

가상 임신과는 달리 진짜 임신이 됐는데도 임신한 사실을 모르거나 무시하는 경우도 있습니다. '임신 망각형' 또는 '임신 무시형'이라고 불러야 합니다. 예수님을 영접하고 세례 받고 눈물도 흘렸습니다. 말씀과 예배를 통해 은혜도 받았지만 신앙생활을 열심히 할 필요가 없다는 말에 귀가 솔깃합니다. 결국 예전 생활 방식으로 슬그머니 돌아갑니다. 구원을 아주 하찮은 것으로 만들어 버리는 셈입니다.

바로 사탄의 전략입니다.

"교회 다니면서 종교적 행위를 다 해봐라. 이왕 시작했으니 열심히 해라. 남들보다 조금 더 해라. 네가 크리스천임을 세상에 널리 알려라. 그게 예수님처럼 사는 법이다."

이런 이야기에 속아 넘어가면 가상 임신형 크리스천이 되는 것입니다. 종교 생활을 열심히 하는데도 시간이 갈수록 예수님과 점점 더 멀어지고, 해가 갈수록 기쁨이 사라집니다. 짊어진 짐이 점점 무거워집니다. 신기한 일입니다. 구원의 길인 줄 알고 열심히 걷는데, 실은 구원과 상관없는 길을 걷습니다. "주여, 주여" 하고 외치면서 실은 주님이 안 계신 엉뚱한 길에서 헤매는 것입니다. 길 옆에서 사탄이 빙그레 웃고 있을 것입니다.

사탄이 다른 목소리로 속삭입니다.

"네가 크리스천이라고? 지나가는 개가 웃겠다. 네가 무슨 재주로 예수처럼 살겠니? 어제도 죄 지었잖아? 오늘도 죄 지을 거잖아. 그러면서 다른 사람들에게 예수님 얘기를 어떻게 전할 수 있어? 그냥 조용히 지내. 다들 그렇게 살아. 마음 불편하지 않을 만큼 헌금하면 되잖아. 교회는 교회고 세상은 세상일 뿐이야."

대충대충 적당히 살라고 끊임없이 속삭입니다. 임신 망각형 크리스천으로 만드는 것입니다. 교인 수가 아무리 많아져도 대다수가 선데이 크리스천이면 교회가 생명력을 잃습니다.

사탄의 전략은 꽤 유효합니다. 구원을 우스꽝스럽게 만들기 때문입니다. 개봉 영화에 악플이 줄줄 달리면 관객이 모이겠습니까? 며칠 만에 문을 닫게 될 것입니다. 구원받았다는 사람들의 삶이 형편없는데 누가 구원에 관심을 갖겠습니까? 게다가 구원과 같은 이단들이 대놓고 구원을 욕되게 합니다.

예수님 없이는
구원도 없다

구원이 시작되는 지점을 분명히 알아야 합니다. 바울이 분명하게 밝혔습니다. 구원은 십자가에서 예수님과 함께 시작됩니다. 죄의 몸이 죽는 사건입니다. 다시는 죄에게 종노릇할 이유가 없는 삶입니다. 하나님으로부터 의롭다하심을 얻을 것입니다.

구원은 마치 암행어사의 마패와도 같습니다. 겉보기는 별다를 게 없는 사람이지만 사탄이 고소하며 달려들 때 마패를 보여 주면 됩니다. 시기, 질투, 분노, 좌절, 절망과 같은 죄성이 주인 노릇하려고 들 때 마패를 보이면서 호통치면 그만입니다.

갈라디아서 기자는 이렇게 표현합니다.

> 육체의 소욕은 성령을 거스르고 성령은 육체를 거스르나니 이
> 둘이 서로 대적함으로 너희가 원하는 것을 하지 못하게 하려 함
> 이니라 갈 5:17

구원은 육체의 소욕을 위한 것이 아닙니다. 더 잘 먹고 더 잘살기 위해 구원이 왜 필요하겠습니까? 구원에는 육체의 욕망을 거스르고 통제하는 능력이 있습니다. 육체의 소욕이 죄로 옭아매는 체포 영장이라면 사탄이 영장을 들이밀 때 성령님은 암행어사의 마패와도 같은 능력을 발휘하십니다. 옛 사람을 버리고 하나님의 자녀로서 새롭게 살게 됩니다. 전에는 그렇지 않았는데 자기도 모르게 죄에 종노릇하지 않고 힘 있게 살게 됩니다.

> 그런즉 누구든지 그리스도 안에 있으면 새로운 피조물이라 이
> 전 것은 지나갔으니 보라 새 것이 되었도다 고후 5:17

어떻게 하면 진짜 크리스천이 됩니까? 누구든지 그리스도 안에 있으면 됩니다. '누구든지'입니다. 어떤 자격도 필요하지 않습니다. 신학교에 가야 하는 것도, 목사가 되어야 하는 것도 아닙니다. 무슨 직분을 받아야 하는 게 아닙니다. 반드시 어떤 사역을 해야만 하는 게 아닙니다. 그냥 '누구든지'입니다. 아무라도 '그리스도 안에' 있기만 하면 됩니다.

'안에'라는 말은 곧 '함께'라는 뜻입니다. 예수님이 우리와 함께

있기 위해서 하신 일이 무엇입니까? 그리고 무슨 약속을 하셨습니까? 십자가에서 우리와 함께 심겨서 무덤에서 함께 부활하시고, 그 사실을 믿을 수 있도록 약속하신 성령을 보내 주셨습니다. 이 것이 구원 사건입니다. 구원의 보증은 예수님이 약속하신 대로 보내 주신 성령님과 함께하는 것입니다.

예수님은 왜 제자들에게 당신이 떠나시는 것이 그들에게 유익하다고 말씀하셨습니까? 육신으로 함께하는 것에는 한계가 있기 때문입니다. 떠나셔서 성령님을 보내 주시면 언제 어느 때나 함께하실 수 있습니다.

> [8] 만일 우리가 그리스도와 함께 죽었으면 또한 그와 함께 살 줄을 믿노니 [9] 이는 그리스도께서 죽은 자 가운데서 살아나셨으매 다시 죽지 아니하시고 사망이 다시 그를 주장하지 못할 줄을 앎이로라 롬 6:8-9

예수님과 함께 죽지 않으면 혼자 죽는 것이고, 십자가에서 죽지 않으면 그냥 죽는 것입니다. 예수님과 함께 죽어야 부활할 수 있고, 십자가에서 죽어야 거듭날 수 있습니다.

신학교를 다닐 때 밤에 밀린 공부를 하다가 그만 잠에 못 이겨 졸았습니다. 내가 왜 이 나이에 신학 공부를 하나 하는 생각도 들었습니다. 마치 십자가에 달린 것처럼 양손을 옆으로 뻗고 벽에 기대어 서서 30분에서 한 시간씩 있다가 다시 책상 앞에 앉곤 했습니다. 내가 내 발로 신학교에 들어온 것이 아니라 그분이 나를 보내셨다는 것을 스스로에게 일깨우기 위해서였습니다. 십자가에서 죽으라고 보내셨구나 하고 확인하는 시간이었습니다.

"예수 믿고 나서 뭐가 달라졌습니까?" 하고 여러 사람에게 물었더니 "예전처럼 화가 나지 않는다"는 답이 가장 많았습니다. 그만큼 분노가 주장하지 못하게 되었다는 것입니다. 예전에는 화가 사람을 마음대로 끌고 다녔는데, 구원받은 후로 그 사람 안에 있는 구원의 능력이 화를 쫓아내는 것입니다. 성령이 육체의 소욕을 이기도록 도우신 덕분입니다. 죄가 더 이상 주인 노릇하지 못하게 되었다는 뜻입니다.

그 다음에 뭐가 또 달라졌느냐고 물었습니다. 사람이 안됐다는 생각이 든다고 합니다. 전에는 괘씸하게 여겼던 사람이 이제는 비록 내게 손해를 끼쳐도 불쌍하게 보인다는 것입니다. 미움조차 자신의 힘으로 되지 않는다는 것을 알게 된 것입니다.

이게 바로 예수님과 함께하기 때문에 생긴 변화들입니다. 함께하는 데에도 여러 가지 유형이 있습니다. 예를 들어, 성령님과 차를 타고 간다고 칩시다. 누가 운전대를 잡습니까? 내가 잡습니다. 성령님은 지금 어디 계십니까? 조수석에 계시면 굉장히 가까운 사이입니다. 곁에 앉으시면 이런저런 이야기를 나누게 됩니다. 그러나 친밀감을 맛볼 수 있지만 부담스럽기도 합니다. 이 길로, 저 길로 하는 잔소리를 들을 위험이 있습니다. 게다가 자칫 신호 위반이라도 하게 되면 듣기 싫은 소리를 들을 수도 있습니다. 시시때

때로 눈치를 봐야 합니다.

그러다가 마음이 틀어지면 성령님을 뒷자리로 모시게 됩니다.

"성령님, 그냥 뒷자리에 계세요. 제가 편하게 모시겠습니다. 피곤하면 한숨 주무셔도 좋습니다. 운전은 제가 알아서 할 테니 제발 다른 말씀은 하지 말아 주십시오."

그러고는 운전사 마음대로 갑니다. 그나마 잘 모시는 편에 속합니다.

마지막 유형은 성령님을 아예 트렁크에 짐짝처럼 싣는 사람들입니다. 차에 함께 타기는 하는데 눈에 안 보이니 누구 눈치 볼 것 없이 제멋대로 합니다. 제설 장비를 싣고 다니듯이 하는 것입니다. 평소에는 의식조차 하지 않고 살다가 일 년에 한두 번 폭설로 차가 꼼짝 못하게 되면 그제야 트렁크를 열어서 성령님을 꺼냅니다. 그래도 거리낌이 없습니다.

다시 하나님과
함께 사는 것

성령님이 원하시는 함께함은 어떤 것입니까? 앞의 유형들 중에는 없습니다. 제4의 유형이 필요합니다. 성령님께 운전석을 내어 드리는 것입니다. 예수님이 성령님을 보내 주신 이유가 무엇입니까? 왜 우리와 함께 가도록 하셨을까요. 인생길은 누구에게나 초행길이기 때문입니다. 운전을 아무리 잘

해도 길을 모르면 헤매게 되어 있습니다. 그러니 성령님께 운전을 맡기는 것이 가장 현명한 선택입니다. 운전석에 내가 앉지 않고 핸들을 내어 드리는 것이 예수님 안에 있는 것이고, 온전히 예수님과 함께 가는 방법입니다.

나는 운전이 몹시 서툽니다. 솔직히 사고를 많이 냈습니다. 눈 검사를 했더니 그 이유가 분명해졌습니다. 백내장과 녹내장이 한꺼번에 진행되고 있어서 시야가 아주 좁아져 있었던 것입니다. 옆에 무슨 물체가 있는지 한눈에 식별되지 않습니다. 보통 양옆이 다 보여야 정상인데 나는 바로 눈앞밖에는 못 보는 겁니다. 운전을 조심조심 하면 좋을 텐데 젊을 때부터 운전대를 잡고 바삐 다녀 버릇해서 천천히 가면 성에 차지 않는 것입니다. 그래서 누가 운전해 주는 차를 타는 것이 꿈이 되었습니다. CEO가 되고 나서 가장 감사했던 것이 대신 운전해 줄 사람이 생겼다는 것이었습니다. 운전대를 놓으니 그렇게 좋을 수가 없었습니다.

인생 운전은 어떻습니까? 내가 운전하면 더 잘할 것 같지요? 그런데 그렇지 않습니다. 대부분 내가 모르는 길을 가야 합니다. 도로 상황도 익숙지 않습니다. 사실 인생 운전은 되도록 직접 나서지 않는 것이 현명합니다. 성령님께 운전을 맡겨 드리고 안심하십시오. 성령님과 함께하는 가장 좋은 방법은 아예 운전석을 내어 드리는 것입니다. 지름길도 안전한 길도 다 아시기 때문입니다.

가끔 골목길을 샅샅이 아는 기사가 운전하는 차를 타면 오히려 불안할 때가 있습니다. 제대로 가고 있는지 미심쩍어집니다. 하지만 나중에 보면 그분이 맞습니다. 여러 가지 상황을 고려하여 최선의 길을 선택하기 때문에 제시간에 안전하게 목적지에 도착할 수 있습니다.

요즘은 내비게이션이 친절하게 길을 가르쳐 줍니다. 출발할 때부터 가는 내내 친절한 내비게이션 '김기사'나 '티맵'에게 묻고 또 묻습니다. 계속 그와 의논하면서 갑니다. 그러나 인생길에는 김기사와 티맵이 없습니다. 성령님보다 더 의지할 수 있는 내비게이션이 없다는 말입니다.

구원은 영원까지 이릅니다. 영원에 이르는 길 안내가 필요합니다. 전혀 다른 내비게이션 시스템이 필요하다는 뜻입니다. 우주를 여행하는 탐사선은 우주항공센터로부터 끊임없이 신호를 수신해야 합니다. 관제소에서 주기적으로 탐사선에 진로를 확인하는 신호를 보내고 미세하게 조정합니다. 신호가 끊어지면 우주 미아가 되고 말 것입니다. 하나님은 우리를 미아로 내버려두지 않으시고 구원하셨습니다. 구원을 통해 신호를 받을 수 있도록 하셨고, 신호에 반응하면 진로가 조정되도록 하셨습니다. 주님은 날마다 신호를 수신하라고 말씀하십니다. 신호를 자주 확인할수록 안전합니다.

구원의 과정은 예수님과 함께 시작됩니다. 바울은 이렇게 말합니다.

> 10 그가 죽으심은 죄에 대하여 단번에 죽으심이요 그가 살아 계심은 하나님께 대하여 살아 계심이니 11 이와 같이 너희도 너희

자신을 죄에 대하여는 죽은 자요 그리스도 예수 안에서 하나님
께 대하여는 살아 있는 자로 여길지어다 롬 6:10-11

죄에 대하여 단번에 죽어야 합니다. 십자가에서 단번에 죽어야
합니다. 기절하는 것으로 끝나면 안 됩니다. 기절했다가 깨어나는
것은 부활이 아니라 소생입니다. 다시 깨어나 봤자 여전히 옛 사람
입니다. 수신 체계가 달라지지 않았습니다. 하나님의 음성이 여전
히 잘 안 들리고 세상 소리가 더 크게 들립니다. 세상 메시지는 뚜
렷하게 잡히는데 하나님의 메시지는 도저히 들을 수가 없습니다.

왜냐면 단번에 죽지 않았기 때문입니다. 단번에 부활하지 못했
기 때문입니다. 예수님과 함께 십자가에 심기지 않아서이고 예수
님과 함께 무덤에서 부활하지 않은 탓입니다.

믿음이란 무엇입니까? 내가 예수님과 함께 죽었고 예수님과 함
께 다시 산다는 믿음입니다. 그것이 새 생명이고 구원입니다. 예수
님과 함께 시작하고, 예수님과 함께 걷고, 예수님과 함께 목적지에
이르는 것이 구원입니다.

세상은 예수님 없이도 가능하다고 말합니다. 심지어 로마교황
청도 그런 입장을 공식적으로 내놓았습니다. 종교 통합이라는 명
목하에 구원과 상관없는 일들이 벌어지고 있습니다. 종교를 통합
하건 세계종교기구를 만들건 구원과는 관계가 없습니다. 구원 대
신에 일종의 통합 마일리지 시스템을 만들겠다는 뜻입니다. 이쪽
저쪽 마일리지를 서로 인정해서 교환 사용이 가능하도록 해주자

는 것입니다. 이 시스템은 예수님의 존재가 불편하기만 합니다. 예수님 없이 구원이 가능하다는 아이디어가 대체 누구의 머리에서 나왔겠습니까? 그러니 다른 종교나 이단에 눈 돌리지 마십시오. 다른 종교에 대해 갖는 긍휼한 마음은 소중합니다. 또한 그들 모두가 예수님이 필요한 존재임을 잊어서는 안 됩니다.

어린아이가 잠들었다가 눈을 뜨고 울기 시작합니다. 그러다가도 엄마의 손길을 느끼면 금세 울음을 그칩니다. 우는 아이의 구원은 무엇입니까? 엄마가 함께 있다는 사실입니다. 그러면 모든 것이 해결된다는 것을 알기 때문입니다. 아이는 엄마와 함께 단번에 살아납니다.

바울은 예수님과 함께 단번에 죽었다가 예수님과 함께 단번에 살아났습니다. 그는 진짜 구원을 받았습니다. 예수님과 함께할 때만이 구원이 가능하다는 것을 알았습니다. 구원이 무엇입니까? 다시 하나님과 함께 사는 것입니다. 예수님과 함께 사는 것입니다. 성령님이 내 안에 함께 사시는 것입니다. 무슨 일이건 무슨 생각이건 어떤 길을 가건 함께하십시오. 혼자서는 안 됩니다.

세상은 내 마음대로 내가 원하는 대로 살아도 된다고 속삭입니다. 그래도 그 속에 구원이 있다고 목소리를 높입니다. 그러나 인생길은 천상천하 유아독존을 주장하며 가는 길이 아닙니다. 천상천하에 홀로 있으신 분은 하나님 한 분뿐입니다. 삼위일체 한 분과 함께하는 것이 구원이고 영생이고 천국입니다.

WHY

SALVATION

11
chapter

성화됨

~~~

성화는 성도들이 세상의 악에 빠지지 않도록
보전하는 하나님의 방법입니다.
세상에 살지만 세상에 속하지 않은 사람들이 걷는 길입니다.

　　　　　　　구원을 왜 받아야 하느냐는 질문만큼
어리석은 질문도 없을 것입니다. 왜 그렇습니까? 죽고 사는 문제
이기 때문입니다. 물에 빠진 사람이 '내가 이 물에서 나가야 할 이
유가 무엇인가?' 고민할 틈이 있습니까?

　불 속에 갇힌 사람한테 소방관이 손을 내미는데 "내가 왜 당신
손을 잡아야 합니까? 당신이 누군 줄 알고 믿어요?" 하고 묻는다
면 어떻겠습니까? 절체절명의 순간에 이런 황당한 질문을 하는 사
람이 어디 있겠습니까?

　구원은 생사의 갈림길에서 생명으로 가는 길입니다. 구원받은
다음의 삶은 어떻습니까? 죽음의 길에서 벗어났으니 비할 수 없이

기쁜 삶입니다. 제2의 인생을 사는 기쁨이 얼마나 크겠습니까?

그런데 실제로 그렇습니까? 구원의 기쁨이 오래가지 않는 사람들이 있습니다. 때로는 그냥 그때 죽었더라면 차라리 좋았을 텐데 왜 살아서 이렇게 힘든 일을 겪나 하고 탄식하기도 합니다. 암 환자들이 암을 이기고 나면 어떻게 삽니까? 예전처럼 살지 않습니다. 모든 것이 달라집니다. 달라지지 않으면 안 되기 때문입니다.

구원받은 이후에 삶이 분명하게 달라지는 사람과 전혀 달라지지 않는 사람 사이에는 어떤 차이가 있을까요? 차이는 어디서 비롯된 것입니까? 구원받고도 구원을 제대로 모르거나 구원받고서도 구원을 제대로 누리지 못하는 데서 비롯된 것입니다. 또한 앞으로 구원이 어떻게 완성될지에 대한 꿈과 비전이 없기 때문입니다. 구원의 과거는 있는데 구원의 현재가 불분명하고 구원의 미래가 모호한 것입니다.

그렇다면 구원받은 사람의 삶은 어때야 합니까? 구원 이후 삶의 전 과정을 성화(聖化)라고 부릅니다. 구원의 과거가 부르심, 죄 사함, 거듭남, 양자됨이라면 구원의 현재는 의로움, 거룩함, 성화됨이라고 할 수 있습니다. 성화의 과정은 기쁘기만 하지는 않습니다. 거룩해지는 과정이니만큼 결코 쉽고 편안한 길이 아니기 때문입니다. 그러나 아무리 힘들어도 반드시 거쳐야 할 과정이고 또 그 목적을 바로 안다면 누구도 빼앗을 수 없는 기쁨을 누리게 될 것입니다.

성화는 깨끗해지는
과정이다

아이들 목욕시키는 것을 예로 들자면, 이런 것입니다. 요즘은 집에서 매일같이 목욕하지만 옛날에는 그러지 못했습니다. 매일 목욕하는 사람이 거의 없었지요. 일 년에 서너 번 명절 때나 대중목욕탕에 가서 목욕하곤 했습니다. 오랜만에 부모가 아이들을 데리고 동네 목욕탕에 가는 날이면 반드시 때수건으로 때를 박박 밀었습니다. 온몸에 때가 넘치는 아이와 실랑이하는 부모가 많았습니다. 때를 밀지 않겠다고 버티다가 부모에게 맞는 아이도 있었습니다. 어쨌든 때를 다 씻어 내면 기분이 어떻습니까? 몸이 날아갈 듯 상쾌해집니다. 때를 밀 생각을 하면 목욕탕 가는 발걸음이 무겁지만 돌아올 때는 한결 가벼운 발걸음으로 날아갈 듯 걷습니다.

예수님이 십자가에 달리시기 전에 제자들과 마지막 만찬을 하셨습니다. 그 자리에서 제자들의 발을 씻기셨지요. 이때 아주 재미있는 일이 벌어졌습니다. 베드로가 자기 발은 씻을 수 없다고 버틴 것입니다. 종이 할 일을 예수님이 해주시겠다니 도저히 감당할 수 없었던 것입니다. 그는 감히 더러운 발을 내밀 수가 없었을 것입니다. 그런데 예수님이 뜻밖의 말씀을 하십니다.

내가 너를 씻어 주지 아니하면 네가 나와 상관이 없느니라 요 13:8

베드로가 놀라서 "주여 내 발뿐 아니라 손과 머리도 씻어 주옵소서" 하고 아예 목욕을 시켜 달라고 합니다. 예수님은 "아니다. 이미 목욕한 사람은 발만 씻어도 된다"고 말씀하셨습니다.

목욕과 발 씻기는 것은 어떤 차이가 있습니까? 목욕은 이미 구원받은 것을 의미합니다. 구원의 과거형입니다. 날마다 발을 씻는 것은 성화의 과정으로서 구원의 현재형입니다. 매일 발을 씻는다는 것은 분명 성가시고 번거로운 일이지만 씻고 잠자리에 드는 것과 그냥 드는 것은 천지 차이입니다.

성화는 점점 깨끗해지는 것이며 거룩해지는 과정입니다. 성경에는 거룩, 성화와 관련한 단어가 1,066번이나 등장합니다. 왜 그렇게 자주 등장하겠습니까? 이것이 바로 하나님의 뜻이자 진정한 복이기 때문입니다. 구원의 목적이자 과정이기 때문입니다. 성화야말로 하나님이 자녀 삼으신 백성들이 살아가는 목적이어야 하기 때문입니다. 성화되어야 하나님과 영원한 교제에 들어갈 수 있습니다. 이 과정을 건너뛰고는 영원한 거처로 들어갈 수 없습니다. 성화 없이 구원을 완성할 수 있는 길은 없습니다.

데살로니가 교회 성도들 중에 그릇된 종말론에 빠진 이들이 있었습니다. 예수님의 재림이 임박했다고 믿었는데, 종말이 가까웠으니 죄를 지어도 그만이라는 생각을 했습니다. 더 나아가 죄가 크고 많을수록 은혜도 크고 많을 것이라고 믿었습니다. 곧 예수님이 오실 테니 열심히 일할 필요도 없고 실컷 죄를 지으며 살아도 된다고 여겼습니다.

바울이 데살로니가 교인들을 위해 편지를 썼습니다. 구원받은 삶을 어떻게 살아내야 하는지에 대한 놀라운 통찰을 보여 줍니다. 그리스도께서 우리를 위해 죽으셨으니 깨어 있든지 자고 있든지 항상 그리스도와 함께 살면서 그분을 닮아야 한다고 강조합니다.

크리스천이란 그리스도와 함께하는 사람입니다. 이 생각을 놓치지 않으면 내 안에 그리스도의 성품이 빚어질 것이고, 하나님의 뜻을 거스르는 것들이 점점 불편하게 될 것입니다. 바울은 크리스천으로 살아가는 모습에 대해, 무엇보다 거룩한 삶으로 우리를 빚어 가시는 하나님의 방법에 대해 보다 분명하게 인식하기를 바랐습니다.

먼저, 바울은 그리스도와 함께하는 삶이 어떤 내용으로 채워지기를 원하시는지 우리를 향한 하나님의 뜻을 알려 줍니다.

16 항상 기뻐하라 17 쉬지 말고 기도하라 18 범사에 감사하라 이것이 그리스도 예수 안에서 너희를 향하신 하나님의 뜻이니라

살전 5:16-18

성령의 도움 없이는
성화도 없다

이어서 바울은 성화를 이루어 가시는 하나님의 방법을 알려 줍니다. 기쁨과 기도와 감사를 통해 지속적

으로 성화되기 위해서 필요한 요소들입니다.

첫째, 성령입니다.

성령을 소멸하지 말며 살전 5:19

성령을 소멸하지 말라는 건 무슨 뜻입니까? 우리 안에 성령이 계시다는 말입니다. '소멸하다'는 말의 원뜻은 '불을 끄다, 진화하다, 억누르다, 제한하다, 질식시키다'입니다. 구원은 하나님의 일입니다. 성화도 하나님의 일입니다. 그 일을 감당하도록 보내 주신 분이 바로 성령님입니다.

성령님은 불처럼 임하여 우리 안의 죄를 태우십니다. 성령님이 오셔서 우리 안에 소각장을 만드십니다. 우리 안에 있는 죄를 다 모아서 그곳에서 불태우십니다. 그분이 하시는 이 일을 못하게 막지 말라는 뜻입니다.

성령님이 하시는 가장 본질적인 일은 성도의 성화입니다. 우리 안에 계시는 성령님이 날마다 우리를 깨끗게 하십니다. 목욕에 비유하자면 영혼의 때를 벗겨 주시는 겁니다. 그 과정이 힘들고 아프다고 해서 성령님을 억누르거나 제한해서는 안 됩니다. 우리 안에서 선한 일을 시작하신 그분이 일을 완성하실 때까지 우리가 잠잠히 그분이 행하시는 일을 바라보아야 합니다.

목욕탕에서 서로 등을 밀어 달라고 부탁하는 건 흔한 일입니다. 일단 등을 맡겼으면 때를 밀어 주는 사람이 다 되었다고 등을 툭

쳐 줄 때까지 참고 기다려야 합니다. 등을 맡긴 이상 깨끗해지는 것은 이제 내 능력이 아닌 그 사람의 손에 달렸습니다. 거룩해지는 일은 내 주도하에 일어나는 법이 없습니다. 오직 성령님이 주관하시는 일입니다. 다만 우리가 해야 할 일은 성령님을 제한하거나 질식시키지 않고 그분이 가져오신 불을 끄지 않는 것입니다.

그런데 왜 그게 어렵고 힘이 듭니까? 육체의 욕망으로 인해 성령님이 하시는 일을 부담스럽게 여기기 때문입니다. 내 욕망을 제한시키는 그분의 음성을 들으면, 소욕의 불을 꺼야 하기 때문에 음성을 듣기가 부담스러운 것입니다. 그래서 어떤 사람들은 "좀 더 있다가 교회 나가겠다. 늘그막에나 믿겠다" 하고 자꾸 뒤로 미룹니다. 심지어 하고 싶은 것 다 하며 살다가 죽기 전에 믿는 게 최고라고 여기기도 합니다. 문제는 인생이 생각대로 흘러가지 않는다는 것입니다. 계획해도 이루어진다는 보장이 없습니다. 그보다 더 중요한 것은 성화라는 과정이 주는 진정한 기쁨을 모르고 살아야 한다는 점입니다.

빛 가운데로 걷기 시작하면 더 이상 어둠 속을 헤매고 싶지 않은 법입니다. 언젠가 구원을 왜 받아야 하느냐고 묻는 사람에게 이렇게 대답한 적이 있습니다.

"당신의 질문은 '시궁창에서 바퀴벌레로 살래, 창공을 비상하는 독수리로 살래?' 하고 묻는 것과 같습니다."

바퀴벌레와 독수리의 비교로도 모자랍니다. 등산을 좋아하는 사람들도 그렇습니다. 산꼭대기에 올라 전경을 바라보는 기쁨을 한

번 맛보고 나면 산등성이에서 헤매고 다니지 않습니다. 아무리 힘들더라도 정상까지 올라가서 파노라마처럼 펼쳐지는 전경을 보면서 전율을 느끼고 싶은 법입니다. 등산을 싫어하는 사람은 "어차피 내려올 산인데 왜 굳이 꼭대기까지 올라가는가?" 하고 묻습니다. 그 사람은 정상에서 내려다보는 기쁨을 평생 누리지 못합니다.

등산이 싫으면 산에 안 올라가면 그만입니다. 하지만 인생은 그렇지 않습니다. 인생의 정상은 하늘과 맞닿은 곳입니다. 그곳에서 영원이 시작됩니다. 그렇다면 어떻게 하시겠습니까? 무슨 일이 있어도 반드시 가야 합니다. 그러나 혼자 힘으로는 결코 갈 수 없는 곳입니다. 하늘과 맞닿은 곳에 오르라고 하나님께서 성령님을 보내 주셨습니다.

히말라야 고산지대를 오를 때 반드시 동행해야 하는 동반자가 누굽니까? 셰르파(Sherpa)입니다. 그들은 정상까지 동행하지만 기념사진을 남기지 않습니다. 정상에 오른 산악인들의 사진을 찍어 줍니다. 그들이 정상까지 갈 수 있도록 모든 것을 돕지만 자기의 얼굴을 드러내지는 않습니다. 그러나 셰르파의 도움 없이 히말라야의 높은 산들을 정복할 수 있는 사람은 아무도 없습니다.

생명 산의 주인이 말씀하십니다.

"네가 내 산의 정상까지 오르려면 내가 보내 준 셰르파를 거절하지 말라. 그를 제한하지 말라. 그의 도움을 반드시 구하라."

우리에게 보내 주신 셰르파가 누구입니까? 바로 성령님입니다.

성화는 절대로 나 혼자 이룰 수 없습니다. 인간의 힘으로 이룰 수 있는 것이 아닙니다. 명상을 통해서도 안 됩니다. 성불(成佛)한다고 이루어지지 않습니다. 성화는 신통력으로 온 우주와 하나되는 영적 체험을 하는 것이 아닙니다. 내 안에 오신 성령님과 동행하는 걸음이고 삶입니다.

성령님은 나를 깨끗하게 하시기 위해, 거룩의 옷을 입혀 주시기 위해, 신앙생활의 진정한 기쁨을 주시기 위해 졸지도 주무시지도 않고 우리를 도우십니다. 만약 우리가 계속 그분의 도움을 거절하고 여전히 자신의 욕망대로 움직인다면 성령님은 탄식하십니다.

> 25 그런즉 거짓을 버리고 각각 그 이웃과 더불어 참된 것을 말하라 이는 우리가 서로 지체가 됨이라 26 분을 내어도 죄를 짓지 말며 해가 지도록 분을 품지 말고 27 마귀에게 틈을 주지 말라 28 도둑질하는 자는 다시 도둑질하지 말고 돌이켜 가난한 자에게 구제할 수 있도록 자기 손으로 수고하여 선한 일을 하라 29 무릇 더러운 말은 너희 입 밖에도 내지 말고 오직 덕을 세우는 데 소용되는 대로 선한 말을 하여 듣는 자들에게 은혜를 끼치게 하라 30 하나님의 성령을 근심하게 하지 말라 그 안에서 너희가 구원의 날까지 인치심을 받았느니라 엡 4:25-30

구원은 성령님과 함께 시작되는 일이고, 성령님과 함께 걷는 걸음입니다. 우리가 의식하건 의식하지 못하건 상관없이, 그분을 의지하건 의지하지 않건 구원과 성화는 성령님 없이 이루어지지 않습니다. 사실 "성령님이 내 안에 계시는 것이 성화"라고 해도 지나친 말이 아닙니다. 그분이 내 안에 불을 켜 놓으셨기 때문에 내 안의 실상이 비로소 드러나기 시작합니다. 이전에는 죄로 여기지 않았던 것들이 드러나기 시작합니다. 그 불이 밝아지면 밝아질수록 점점 더 작은 죄들이 낱낱이 모습을 드러냅니다. 내가 성령의 불빛을 거부하거나 제한하거나 꺼뜨리지만 않으면 성화는 계속됩니다. 미세먼지와도 같은 작은 죄까지도 다 청소해 달라고 기도하게 됩니다. 이것이 우리가 날마다 드리는 기도의 전반부입니다.

하나님 나라가 내 안에 임하지 않고는 내 밖에 하나님 나라가 이루어질 수 없습니다. 거룩이 내 안에서 빚어지지 않고는 내 주변이 깨끗해지지 않습니다. 날마다 성화가 이루어지는 과정 가운데 내 삶에 거룩의 열매가 열리지 않고는 가까운 사람들이 성화를 알아볼 도리가 없습니다.

중요한 것은 나 혼자 죽을힘을 다해서 거룩해지고자 하는 노력과 내 안에서 죄를 소각하시는 성령님께 순종하는 것 사이에는 비교할 수 없는 차이가 있다는 것입니다. 혼자 할 수 없는 일을 혼자 하면 오래 못합니다. 힘에 부쳐서 나오는 증상이 바로 위선입니다. 하다가 안 되는데 되는 것처럼 연극하는 것이 위선입니다. 그러니 매 순간 짜증이 나고 불안합니다. 화내는 버릇도 여전합니다. 교회에서는 성화되는 것처럼 거짓으로 포장하지만 교회 밖에서는 원래 모습대로 삽니다. 집에서는 더 합니다. 점점 다중인격이 되어 갑니다.

성령님을 소멸하지 마십시오. 성령님을 더욱 의식하고 더 의지하고 더 맡기십시오. 목과 눈 그리고 온몸의 힘을 빼십시오. 골프를 잘 치는 사람은 어떻게 합니까? 제일 먼저 힘 빼는 일부터 합니다. 힘 빼는 데만 3년씩 걸린다고 하지 않습니까. 수영을 배울 때도 마찬가지입니다. 물에 뜨는 비결이 무엇입니까? 몸의 힘을 빼고 물에 온몸을 맡기는 것입니다.

신앙생활도 그렇습니다. 힘을 빼야 합니다. 거기서부터 진짜 과정이 시작됩니다. 회개야말로 힘을 빼는 중요한 과정입니다. 돌이켜보니 제힘으로 한 일이라곤 죄 짓는 일밖에 없습니다. 그게 전부입니다. 그래서 진정으로 회개한 사람들을 보면 눈에서 힘이 빠져 눈망울이 촉촉합니다. 목에도 힘이 빠져서 고개를 잘 숙입니다. 목소리에도 힘이 빠져 소리 없이 잠잠합니다.

그분의 힘을 의지하는 법을 깨닫는 것은 다음 단계입니다. 왜 앞서 회개하면서 힘을 빼야 합니까? 내 힘이 성령님을 제한하기 때문입니다. 내 생각과 내 경험이 성령님의 목을 조르기 때문입니다. 내 성격과 고집이 성령님을 밀어내기 때문입니다.

예언을
멸시하지 마라

성화를 위한 바울의 두 번째 권면은 이 렇습니다.

예언을 멸시하지 말고 살전 5:20

  예언을 가볍게 여기지 말라는 것입니다. 여기서 예언은 하나님으로부터 직접 계시된 말씀을 가리킵니다. 성경에서 말씀하는 예언은 인간에게 일어날 미래의 예측만이 아닙니다. 성령님이 전하신 과거와 현재의 메시지가 다 포함됩니다. 구원의 메시지건 심판의 메시지건 메시지의 목적은 그 시대의 백성들을 회개시키고 회복시키기 위함입니다. 예언은 곧 하나님과 하나님의 언약, 하나님의 뜻, 하나님의 구원과 심판, 장차 올 하나님 나라에 관한 메시지 전체를 말합니다. 따라서 성경에 나타난 많은 예언들 가운데 어떤 것은 이미 성취되었고, 또 어떤 것은 아직 성취되지 않았습니다.
  성경학자들이 분석한 결과, 신구약 성경 전체 내용 가운데 27퍼센트가 예언의 말씀입니다. 구약의 예언들은 대부분 성취되었습니다. 엘리야의 예언들은 모두 성취되었습니다. 그러나 요엘의 예언은 부분적으로 성취되었습니다. 여호와의 날에 관한 예언은 오순절에 성령이 강림하심으로써 부분적으로 성취되었지만, 이 예언의 다른 요소들은 아직 일어나지 않았습니다.

그러나 성취되지 않은 예언들은 미래에 관한 거시적인 안목을 줍니다. 무엇보다 중요한 것은 그 예언을 믿음의 사람들이 함께 공유하고 있다는 사실이고, 하나님께서 계획하고 계신 것은 무엇이든지 역사의 끝에 완전하고 영광스럽게 성취하실 것임을 믿음으로 바라보게 된다는 사실입니다. 놀라운 사실은 하나님께서 구원받은 백성들의 성화를 통해서 반드시 이 일을 이루어 가신다는 것입니다.

따라서 성화는 한 개인의 일에 국한되지 않습니다. 한 사람의 성화는 하나님의 예언이 성취되는 전 과정과 맞닿아 있습니다. 그래서 특별히 예언에는 악한 의도가 숨어들기 쉽습니다. 분별하는 일이 큰 과제가 되는 것은 당연합니다.

> [21] 범사에 헤아려 좋은 것을 취하고 [22] 악은 어떤 모양이라도 버리라 살전 5:21-22

모든 일을 헤아린다는 것은 참과 거짓을 분별한다는 뜻입니다. 진짜와 가짜를 구별해 내는 일입니다. 지혜의 근본이 무엇입니까? 하나님을 경외하는 것입니다. 하나님을 사랑하면서도 하나님을 두려워하는 마음, 즉 경외감이 있으면 우리가 진짜와 가짜를 구별하는 가장 분명한 기준을 갖게 됩니다.

사람들이 왜 진짜와 가짜를 식별하지 못합니까? 사랑이 없기 때문이고, 하나님을 두려워하지 않고 사람을 두려워하기 때문입니다. 왜 사기를 잘 당합니까? 돈이 없는 것을 두려워하기 때문입니다. 돈이 없으면 사람들이 무시할 것 같고, 더 불행해질 것 같기 때문에 두려워합니다. 빈털터리가 되는 것이 왜 두렵습니까? 하나님의 사랑이 내 안에 없기 때문입니다. 사랑이 없으면 두려움이 가득 찹니다. 두려움은 내 힘으로 내쫓지 못합니다. 두려움을 내쫓는 것은 사랑입니다. 사랑이 차올라야 두려움이 사라집니다. 두려우면 가짜에 속고 당합니다.

기자 시절에 가짜와 관련된 사람들을 취재하다가 몇 차례 협박을 받았습니다. 그때마다 이렇게 말했습니다.

"기자는 취재하다 죽으면 순직입니다. 그게 가장 영광스러운 일입니다. 당신이 나를 그렇게 만들어 주면 내가 고맙지요. 덕분에 나는 언론사(言論史)에 영원히 남게 될 것입니다."

어떤 사람은 내 말을 듣자마자 무릎을 꿇고 협박한 것에 대해 용서를 빌었습니다.

크리스천도 그렇지 않습니까? 신앙생활을 제대로 하려면 억울한 일을 당하기도 하는데, 무고하게 죽게 되면 순교하는 것 아닙니까? 순교가 크리스천의 죽음에서 가장 영광스러운 모습 아닙니까? 기독교를 아무리 탄압해도 이겨 내지 못한 것이 있습니다. 바로 순교의 능력입니다. 순교는 단순히 하나님의 일을 하다가 맞이하는 죽음이 아닙니다. 죽음에 대한 두려움을 딛고 먼저 죽어간 사람들의 영원한 삶이 내 안에 있어 나도 기꺼이 목숨을 내놓을 수 있는 것입니다.

세상 속에서
하나님 방식대로 살라

두려움이 없으면 좋은 것을 취하고 나쁜 것을 버리기 쉽습니다. 두려워하면 좋은 것을 피하고 나쁜 것을 택하기 쉽습니다. 얼마나 많은 사람들이 가난해지는 것을 두려워하다가 가진 것을 잃습니까? 얼마나 많은 사람들이 낮아지는 것을 두려워하다가 사랑을 잃습니까? 얼마나 많은 사람들이 무명해지는 것을 두려워하다가 관계를 잃습니까?

두려움에 빠지면 분별력을 잃어버리게 마련입니다. 그래서 하나님은 계속해서 두려워하지 말라고 말씀하십니다. 기도의 자리는 두려움에서 벗어나는 자리이고, 말씀을 묵상하는 자리는 두려움을 내쫓는 자리입니다. 이 모든 일에 성령님이 관여하십니다.

기억하십시오. 성화는 나 혼자 이룰 수 없는 일입니다. 성령님이 하셔야 합니다. 성령님은 왜 하십니까?

> 평강의 하나님이 친히 너희를 온전히 거룩하게 하시고 또 너희의 온 영과 혼과 몸이 우리 주 예수 그리스도께서 강림하실 때에 흠 없게 보전되기를 원하노라 살전 5:23

바울이 기도를 시작합니다. 구원받은 백성을 위한 기도입니다. 구원받고 어떻게 살아가야 할지 갈피를 잡지 못하는 사람, 여전히 두려움에서 벗어나지 못하는 사람, 주님이 곧 다시 오신다는데 죄

짓고 대충 살아도 되지 않겠느냐고 흔들리는 사람, 그런 사람들을 위해서 기도합니다. 평강의 하나님께서 이들을 온전히 거룩하게 해주실 것을 믿고, 믿음의 사람들을 끝까지 성화시켜 주실 것을 바라고 기도합니다. 성도가 삶의 모든 영역에서 거룩해질 수 있도록 도와달라고 기도합니다. 성도의 영과 혼과 몸이 흠 없도록 지켜 달라고 기도합니다.

여기서, 성화 과정은 영혼육의 통일성을 지녀야 한다는 것을 가르쳐 줍니다. 성화는 영적인 일만이 아닙니다. 정신적인 것만도 아닙니다. 또 육신만 지켜 내서 될 일이 아닙니다. 성화는 전인적인 과정이고 한 인간의 균형된 그리고 완벽한 회복의 과정입니다. 한마디로 하나님의 형상을 회복해 가는 놀라운 과정인 것입니다.

'영혼육'을 어떻게 볼 것인가 하는 것은 지난 2천 년간 끊임없이 논쟁해 온 주제 중 하나입니다. '몸과 혼과 영'으로 볼 것인가 아니면 '몸과 영혼'으로 볼 것인가 하는 논쟁입니다. 삼분설과 이분설입니다. 바울의 이 표현 자체가 인간의 통일성을 나타내는 것이기 때문에 논쟁 자체가 적절하지 못하다는 주장도 있습니다. 어쨌건 이분설은 영과 혼을 동의어로서, 몸에 대비되는 정신적 요소로 보는 견해입니다. 이것은 아우구스티누스를 거쳐 중세 교회를 지배했던 생각으로 종교개혁자들과 오늘날 일부 신학자들에게까지 이어지고 있는 사상입니다.

삼분설은 플라톤과 같은 헬라 철학자들에게서 시작된 것으로 이레니우스(Irenaeus)나 크리소스톰(Chrysostom) 같은 초대교회 교부들이 지지했던 생각입니다. 이 입장에서 보면, 혼은 동물적 생명작용이지만 영은 하나님과 교통하고 교제하며 불멸하는 것으로 구별됩니다. 혼은 감각과 감정을 주관하지만, 영은 특별히 인간에게만 주어진 이성과 의지와 양심을 관장하는 것으로 이해됩니다. 따라서 인간이 죽으면 몸은 부패하고 혼이 상실되지만 영은 하나님께로 돌아간다는 것입니다. 이 가운데 혼을 어떻게 이해하느냐에 따라 혼을 영으로부터 유출된 것으로 보거나 몸과 영의 경계선상에 있는 것으로 보기도 합니다.

바울은 논란을 촉발하기 위해서가 아니라 성도들 삶의 전 영역이 통일적으로 성화되어 간다는 것을 강조하기 위해서 영혼육에 대해서 말한 것입니다. 궁극적인 목적이 예수 그리스도를 아는 것과 믿는 것 그리고 그리스도의 본질에 이르는 것임을 강조하기 위한 것입니다.

바울은 성화의 과정을 다음과 같이 정리합니다.

> 우리가 다 하나님의 아들을 믿는 것과 아는 일에 하나가 되어 온전한 사람을 이루어 그리스도의 장성한 분량이 충만한 데까지 이르리니 엡 4:13

성화는 예수 그리스도를 믿는 믿음과 예수 그리스도를 아는 지식에 있어서 균형과 일치를 갖춰 가는 과정입니다. 성화는 앎과 믿음의 일치를 통해 삶이 점점 성숙해지는 과정입니다. 그리스도의 온전함에 이르기까지 성숙해 가는 것입니다.

바울은 제자 디모데를 통해서, 신앙생활을 할 때 알맹이 없이 겉으로만 형식적인 성화의 과정을 걷는 사람들과 거리를 둘 것을 권면합니다.

경건의 모양은 있으나 경건의 능력은 부인하니 이같은 자들에게서 네가 돌아서라 딤후 3:5

경건의 모양은 있으나 경건의 능력이 없는 대표적인 사람들이 누구입니까? 제사장과 율법학자들과 바리새인들입니다. 성화는 분명히 거룩함과 경건함의 능력을 가져다줍니다. 성화는 모양만으로 되는 일이 아닙니다. 예수님이 제자들의 성화를 위해 기도하던 모습을 통해서도 구원의 목적이 성화임을 확인할 수 있습니다.

15 내가 비옵는 것은 그들을 세상에서 데려가시기를 위함이 아니요 다만 악에 빠지지 않게 보전하시기를 위함이니이다 16 내가 세상에 속하지 아니함 같이 그들도 세상에 속하지 아니하였사옵나이다 17 그들을 진리로 거룩하게 하옵소서 아버지의 말씀은 진리니이다 요 17:15-17

예수님이 제자들의 성화를 위해 어떻게 기도하고 계십니까? 아버지의 말씀은 진리이고 예수님의 말씀은 곧 영입니다. 진리이신 말씀, 성령이신 말씀으로 성화될 수 있도록 해달라고 기도하십니다.

구원이 이 세상을 떠나서 저 세상으로 가는 것이라면 데려가는 것이 목적이 되어야 하지 않습니까? 그런데 예수님은 제자들을 세상에서 데려가는 것이 목적이 아니라 제자들이 성화되는 것이 목적이라고 말씀하십니다. 성화는 곧 성도들이 세상의 악에 빠지지 않도록 보전하는 하나님의 방법입니다. 성화는 세상에 살지만 세상에 속하지 않은 사람들이 걷는 길입니다. 성화는 내가 어디에 속한 사람인지를 분명히 아는 사람들이 걸어가는 길입니다. 성화는 내 마음대로 가고 안 가고를 결정하는 길이 아니라 구원받은 사람이라면 누구나 반드시 걷게 되는 길입니다.

구원이란 무엇입니까? 하나님의 택하심이고 부르심입니다. 부르심에 응답한 우리의 돌이킴입니다. 돌이킴으로 죄사함과 거듭남과 양자됨과 의로움이 주어졌습니다. 그리고 인내함과 함께함으로 걷는 여정이 시작되었습니다. 그 여정이 곧 성화됨입니다.

거룩이란 원래 구별되는 것이지요. 세상과 구별되는 삶, 세상 방식과 다른 삶의 방식입니다. 세상 속에 살지만 세상의 방식대로 사는 것이 아니라 하나님의 방식으로 사는 것입니다. 이 삶의 과정이 곧 성화입니다. 기억하십시오. 성화는 내가 이루는 것이 아닙니다. 하나님께서 친히 이루십니다.

너희를 부르시는 이는 미쁘시니 그가 또한 이루시리라 살전 5:24

우리를 택하고 부르신 아버지는 신실하신 하나님입니다. 반드시 약속을 지키시는 하나님입니다. 아브라함과 약속하시고 홀로 그 약속을 지금까지 지키고 계신 분입니다. 성화는 우리가 그 약속을 받고 있으며, 그 약속이 이루어지고 있다는 증거입니다.

지금 이 순간 그 증거를 갖고 계십니까? 세상일을 하나님의 방법대로 풀어 나갈 각오를 하시겠습니까? 세상은 성화의 마당입니다. 지극히 타락한 세상이라는 현장이 믿음의 사람들에게는 성화를 이룰 수 있는 가장 좋은 장소입니다. 예수님이 가라고 명령하신 세상 끝이 바로 그곳입니다. 날마다 성화의 길을 걷지 않으면 세속화의 길을 걸을 것이고, 구원의 역사는 그만큼 지체될 것입니다.

기억하십시오. 날마다 성화되어 가는 것만이 세상으로 하여금 구원을 알고 구원을 사모하고 구원을 받게 만드는 유일한 길입니다.

WHY

SALVATION

12
chapter

영광됨

~~~~~

구원받고 무엇을 추구하며 삽니까?
날마다 내 삶이 무엇으로
빚어지고 있습니까?

　　　　　사람은 누구나 죽습니다. 그러나 죽음
이 끝일까요? 죽음이 전부입니까? 죽음에 대해 전혀 상반된 주장
이 있습니다. 하나님을 인정하는지 여부에 따라 정반대의 생각을
하고 삽니다. 무신론자들은 죽음 이후에는 아무것도 없으며 죽으
면 끝이라고 주장합니다. 그러나 유신론자들은 죽음은 전혀 새로
운 시작이라고 믿습니다. 그것도 이 땅의 삶과 비할 수 없이 아름
답고 평안한 삶이라고 말합니다.

　하나님을 믿는 우리는 장례 의식을 천국 환송 예배로 드립니다.
헤어짐의 슬픔에만 빠져 있지 않고 고인이 하나님 나라로 떠나는
길을 기쁨으로 축복하며 배웅하는 것입니다. 그악스러운 땅을 떠나

주님이 계신 곳에서 안식하는 기쁨이 얼마나 크겠습니까? 천국에 대한 소망이야말로 구원에 대한 믿음을 가장 분명히 드러냅니다.

무슨 근거로 영원한 안식이 기쁠 것이라고 단언합니까? 여기 있지 않고 거기 있을 것이라고 믿기 때문입니다. 여기보다 거기가 더 좋을 것이라고 믿는 이유는 무엇입니까? 여기 안 계신 분이 거기 계시다고 믿기 때문입니다.

사실입니까? 맞기도 하고 아니기도 합니다. 하나님 나라는 하나님이 다스리시는 곳입니다. 구원은 하나님이 택하고 부르셔서 우리가 돌이키고 죄사함을 받고 의롭다하심을 받아 함께하심으로 거룩한 삶을 향해 나아가는 전 과정입니다. 이 모든 과정이 하나님 나라에서 일어납니다. 하나님의 다스림 속에서 일어나는 일들입니다.

구원받은 백성은 이 땅에 사는 동안에 구원의 과거와 현재를 살면서 구원의 미래를 기다립니다. 곧 구원의 완성을 바라보는 것입니다. 여기서는 그림자를 보듯 희미하지만 거기서는 분명한 모습을 볼 것이기 때문입니다.

구원의 완성, 구원의 끝은 무엇일까요? 하나님이시며 하나님의 영광입니다. 터널 끝에 빛이 있듯이 구원의 끝에는 영광이 있습니다. 구원은 하나님을 아는 것에서 시작되지만, 구원의 완성은 하나님의 영광 가운데 거하는 것입니다. 그래서 구원의 마지막은 영광됨입니다.

영광을 보려면 땅에서
눈을 들어야 한다

영광은 하나님의 본질입니다. 하나님의 계시와 현현과 임재가 곧 영광입니다. 구약에는 하나님의 영광이 나타나는 장엄한 모습들이 곳곳에 나타납니다. 시내 산에서 나타났고 성막에서도 나타났습니다. 하나님의 영광은 구름기둥과 불기둥으로 모습을 드러냈고 광야 40년 동안 이스라엘 백성에게 그 모습을 감추지 않았습니다. 그 영광은 홍해가 갈라질 때 나타났고, 요단 강의 강물이 그칠 때 드러났으며 후에 솔로몬의 성전에 머물렀습니다. 그러나 제사장들이 타락하고 백성이 하나님을 떠나자 하나님의 영광도 성전을 떠났습니다.

신약에 오면 하나님의 영광은 예수님과 함께 새롭게 모습을 드러냅니다. 영광은 예수님의 탄생과 고난, 부활과 승천 속에 드러납니다. 사도 요한은 말씀이 육신이 되신 사건이야말로 하나님의 영광의 클라이맥스라고 선언합니다.

> 말씀이 육신이 되어 우리 가운데 거하시매 우리가 그의 영광을 보니 아버지의 독생자의 영광이요 은혜와 진리가 충만하더라 요 1:14

그러므로 예수님을 만나는 것은 구원의 본질에 이르는 것이고, 하나님의 영광을 직접 보는 사건입니다. 영광은 빛이고 광채입니다. 구원받은 백성은 무엇보다 이 영광을 사모하고, 그래서 누구보다도 예수님을 사랑합니다.

골로새서 말씀은 우리가 영광을 사모하고 예수님을 사랑할 때 어떻게 살아야 할지를 알려 줍니다. 영광을 보면 영광을 추구하게 됩니다. 가장 좋은 것을 보면 덜 좋은 것에 만족할 수 없기 때문입니다.

> [1] 그러므로 너희가 그리스도와 함께 다시 살리심을 받았으면 위의 것을 찾으라 거기는 그리스도께서 하나님 우편에 앉아 계시느니라 [2] 위의 것을 생각하고 땅의 것을 생각하지 말라 골 3:1-2

구원받은 백성이 구원의 완성, 영광 가운데로 나아가려면 위의 것을 찾으라고 말씀하십니다. 먼저 위를 바라보라는 것입니다. 그리스도는 위로부터 내려오셨습니다. 그리스도의 생명이 말미암은 곳은 저 위입니다. 예수님이 구원이란 거듭나는 것이라고 말씀하셨습니다. 거듭남이란 위로부터 새로 태어나는 것을 의미합니다.

위에서부터 생명을 받으면 위를 바라보게 됩니다. 머리 위를 가리키는 것입니까, 물리적인 하늘을 말하는 것입니까? 위를 바라본다는 것은 하나님을 앙망한다는 뜻입니다. 다윗은 평생 하나님을 갈망했습니다. 목마른 사슴이 시냇물을 찾듯이 하나님의 영광을 사모했습니다. 하나님은 그런 다윗을 사랑하셨고 그에게 영원한 집을 약속하셨습니다.

> 내가 여호와께 바라는 한 가지 일 그것을 구하리니 곧 내가 내
> 평생에 여호와의 집에 살면서 여호와의 아름다움을 바라보며
> 그의 성전에서 사모하는 그것이라 시 27:4

> 내 평생에 선하심과 인자하심이 반드시 나를 따르리니 내가 여
> 호와의 집에 영원히 살리로다 시 23:6

위를 바라보고 위의 것을 생각하는 삶이 구원입니다. 위를 바라
보고 사는 삶이 여호와의 집에 사는 삶입니다. 그러려면 땅의 것
을 생각하지 말아야 합니다. 어떻게 땅에 사는 사람이 땅의 것을
생각하지 않을 수 있겠습니까? 불가능한 일입니다.

그러면 왜 이토록 강한 표현을 썼을까요? 위의 것을 생각하고
살면 먼저 해야 할 것과 나중에 해야 할 것에 대한 우선순위가 분
명해진다는 것입니다. 예수님이 그 우선순위를 명쾌하게 정리해
주셨습니다.

> 그런즉 너희는 먼저 그의 나라와 그의 의를 구하라 그리하면 이
> 모든 것을 너희에게 더하시리라 마 6:33

이 말씀을 영광의 측면에서 재해석하면 "너희는 먼저 하나님의
영광을 바라보라. 그리하면 아버지께서 너희 인생을 영광스러운
것으로 채워 주실 것이다"라고 할 수 있습니다.

사람은 생각하는 것이 얼굴에 드러나게 마련입니다. 끊임없이 생각하는 것이 얼굴을 만들기 때문입니다. 사람은 또 바라보는 것을 닮습니다. 사람의 눈동자에는 그가 바라보는 것이 투영됩니다. 그래서 눈이라는 창에는 그 사람이 늘 생각하고 바라보는 것이 비칩니다.

마음의 창에 마음이 드러나는 것입니다. 하나님을 사랑하는 사람의 눈에 증오가 이글거릴 수 없습니다. 복수와 살인을 계획하면서 눈에 인자함이 가득할 수 없습니다. 문제는, 오늘날 우리 사회에 분노와 원한, 증오의 시선이 점점 더 강해지고 있다는 것입니다. 위의 것을 바라보지 않고 땅의 것만을 생각하기 때문입니다.

이미 죽었음을
기억하라

위의 것을 생각하고 살려면 어떻게 살아야 합니까? 이 질문은 무엇을 하며 살아야 하는가가 아니라 무엇을 기억해야 하는가를 묻는 질문입니다.

> 이는 너희가 죽었고 너희 생명이 그리스도와 함께 하나님 안에 감추어졌음이라 골 3:3

첫째는 '내가 이미 죽었음'을 기억하는 것입니다. 멀쩡히 살아

있는데 죽었다고 인정할 수 있습니까? 구원은 옛 생명이 죽고 새 생명이 태어나는 사건입니다. 거듭남이란 새 생명의 잉태를 말합니다. 새 생명이 급속히 자랄수록 옛 생명은 급속히 소멸됩니다. 옛 생명이 죽게 되면 현재 것, 땅의 것, 세상 것에 대한 우리의 소유권도 죽습니다. 마치 호적이 사라져서 유산을 주장할 수 없게 되는 것과 같습니다. 아까울까요? 새로 받게 될 유산을 모르면 그럴 것입니다. 내가 뭘 받게 될지를 모르면 내 소유를 잃어버리는 것을 견딜 수 없습니다.

어릴 때 구슬치기를 많이 했습니다. 나중에는 구슬이 너무 많아지자 구슬치기 대신에 구슬쥐기를 했습니다. 손에 쥔 것이 홀인지 짝인지 알아맞히는 놀이입니다. 초보 도박꾼이 되는 것입니다. 그걸 잘해서 동네 아이들의 구슬을 다 따 구슬 재벌이 되었습니다. 공부는 하지 않고 날마다 구슬 속에 묻혀 살았습니다. 구슬이 몇 개나 되는지 세는 것도 포기했습니다.

어느 날 학교에 다녀왔는데 그 많던 구슬들이 다 사라졌습니다. 하늘이 무너지는 것 같았습니다. 어머니가 재래식 화장실에 갖다 버리신 것이었습니다. 얼마나 서럽게 울었는지 모릅니다. 화장실을 청소하는 날이 왔습니다. 동네 아이들이 다 모였습니다. 마치 장례 행렬처럼 길게 늘어서서 구슬이 사라지는 것을 지켜보았습니다. 그리고 몇몇이 훌쩍거리며 눈물을 보였습니다. 제 것이라고 여겼던 것들이 분뇨와 함께 사라졌기 때문입니다. 언젠가 되찾을 것이라는 꿈도 함께 사라졌기 때문입니다.

지금도 내가 그 구슬들을 아까워할 것 같습니까? 지금도 그 구슬만 생각하면 가슴이 아릴 것 같습니까? 아닙니다. 왜 지금은 웃으면서 기억합니까? 구슬에 대해서 이미 죽었기 때문입니다.

어느 기자가 카지노를 들락거린 목사에게 물었다고 합니다.

"라스베이거스의 카지노에는 왜 가셨습니까?"

"성도들의 피 같은 헌금을 어떻게 해서라도 좀 더 늘리려고 한 것이 뭐가 잘못입니까?"

한동안 그의 대답이 사람들 사이에 웃음거리로 회자되었습니다.

크리스천은 어떤 사람입니까? 구슬에 대해 죽은 사람입니다. 도박에 대해 죽은 사람입니다.

뭔가 크게 한 건 하겠다는 욕심을 사행심이라고 합니다. 단번에 큰돈을 따겠다는 마음입니다. 일거에 큰일을 이루겠다는 것도 같은 마음입니다. 빨리 성공하겠다는 것도 같은 마음입니다. 하루 빨리 인기를 한 몸에 받는 스타가 되겠다는 욕심도 같은 마음입니다.

크리스천이란 이런 마음을 떠났기 때문에 세상 것에 대해 죽고 새로운 것에 눈을 뜬 사람입니다. 사도 바울이 이렇게 정리합니다.

> 그러나 내게는 우리 주 예수 그리스도의 십자가 외에 결코 자랑할 것이 없으니 그리스도로 말미암아 세상이 나를 대하여 십자가에 못 박히고 내가 또한 세상을 대하여 그러하니라 갈 6:14

바울은 예수 그리스도와 함께 십자가에서 죽었습니다. 이제 그가 기억하는 것은 십자가밖에 없고, 자랑할 것도 십자가밖에 없습니다.

바울이 깨달은 게 있습니다. 십자가에 못 박힘이란 세상을 못 박는 것이고, 세상이 나를 못 박는 것이라는 사실입니다. 십자가에 못 박히는 것은 땅의 것들이고, 이 땅의 것들이 나를 못 박는 것입니다. 그런데 땅의 것을 계속해서 그리워하고 땅의 것을 계속 갈 망하겠습니까?

성화는 세상을 못 박고 나면 자연스럽게 진행되는 과정입니다. 영광은 이 과정의 끝입니다. 하늘 것에 온전히 도착하는 것입니다. 방황하지 않고 목적지에 이르는 것입니다. 그런데 계속해서 방황하면 얼마나 불쌍한 일입니까?

> 만일 그리스도 안에서 우리가 바라는 것이 다만 이 세상의 삶뿐이면 모든 사람 가운데 우리가 더욱 불쌍한 자이리라 고전 15:19

영광을 바라보고도 그 영광을 향해 나아가지 않고 여전히 땅의 것을 바라고 산다면 영광을 모르는 사람보다 더 불쌍하게 사는 것입니다. 지금 그렇지 않습니까? 세상이 교회를 더 불쌍하게 보고 있지 않습니까? 하나님을 거부하는 사람들이 하나님을 믿는 사람들을 더 측은히 여기고 있지 않습니까?

바울이 그 이유를 너무나 명쾌하게 알려 줍니다. 그리스도 안에서 세상 것들을 바라고 살기 때문입니다. 그리스도 안에서 위를 바라보지 않고 땅의 것을 애타게 구하며 살기 때문입니다. 교회에 와서도 사람들에게 인정받고 대접받기를 바란다면 도대체 뭘 바라보고 있는 것입니까?

자기가 뭘 바라보고 사는지 스스로 점검하는 간단한 방법이 있습니다. 내가 무엇에 섭섭해 하는지 자신을 들여다보면 됩니다. 무슨 일에 짜증을 내고 화를 내는지 들여다보면 됩니다. 조금 더 깊이 들어가서 내가 지금 어떤 방법으로 일의 성과를 내려고 하는지 체크해 보면 됩니다.

새 생명은 그리스도와 함께
보호받는다

위의 것을 추구하기 위해 기억해야 할 두 번째 것은 무엇입니까? 새 생명이 하나님 안에 그리스도와 함께 감추어져 있다는 것을 기억하는 것입니다. 새 생명이 그리스도와 함께 감추어져 있다는 말은 알 수 없는 비밀이라는 뜻이 아닙니다. 생명이 그리스도와 함께 비밀스럽게 보호받는다는 뜻입니다.

새 생명은 그리스도와 함께 하나님으로부터 보호받는 생명입니다. 이 생명은 땅의 생명이 아닙니다. 이 생명은 아무도 빼앗을 수 없고 해칠 수 없습니다. 생명이 내 안에서 자라면 이상하게 육신의 생명이 그렇게 중요하지 않습니다. 우리는 육신의 생명이 전부라고 생각하는 세상을 살고 있습니다. 그래서 건강과 장수가 가장 귀한 복이라고 여깁니다. 백한 살 나이에도 축구를 하는 할아버지를 봤습니다. 건강을 지키기 위해 매일 얼마나 정성을 다해 운동하는지 모릅니다. 좋은 일입니다. 그 연세에 병원 신세를 지지 않고 공을 찰 수 있다니 유익한 일입니다.

그러나 그 유익은 하나님의 영광에 비할 바가 아닙니다. 건강에 유익하기는 하지만 하나님의 영광에 이르는 유익에 비한다면 지극히 작다고 할 수 있습니다.

> 육체의 연단은 약간의 유익이 있으나 경건은 범사에 유익하니
> 금생과 내생에 약속이 있느니라 딤전 4:8

운동하십시오. 유익이 있습니다. 그러나 약간의 유익입니다. 더 큰 유익을 생각하십시오. 경건하게 사는 것입니다. 깨끗하게 사는 것입니다. 하나님을 생각하며 사는 것입니다. 이 유익은 모든 일에 영원토록 유익합니다. 그러나 운동으로 건강해졌지만 경건하게 살지 못한다면 건강은 무익할 뿐 아니라 오히려 해가 되기도 합니다. 그런 예를 우리는 주위에서 날마다 보고 있지 않습니까?

위의 것을 생각하고 살기 위해 기억해야 할 세 번째 것은 그리스도와 함께 보게 될 영광입니다.

> 우리 생명이신 그리스도께서 나타나실 그때에 너희도 그와 함

께 영광 중에 나타나리라 _{골 3:4}

크리스천은 어떤 사람입니까? 그리스도가 생명인 사람입니다. 오직 내 안에 그리스도께서 사신다고 고백하는 사람입니다. 자신이 아니라 그리스도가 삶의 원리이고 목적입니다. 그에게는 그리스도께서 반드시 다시 나타나실 것입니다. 그분은 지금 감추어져 있지만 영광으로 다시 나타나실 것입니다. 거룩한 천사들과 함께 반드시 다시 오실 것입니다.

> 누구든지 이 음란하고 죄 많은 세대에서 나와 내 말을 부끄러워하면 인자도 아버지의 영광으로 거룩한 천사들과 함께 올 때에 그 사람을 부끄러워하리라 막 8:38

그리스도인이 보게 될 이 영광을 모르기 때문에 사람들은 자기의 영광을 구합니다. 인간의 영광이란 무엇입니까? 땅의 것들을 통해 드러난다고 믿는 영광입니다. 돈과 성과 권력, 인기와 명예입니다. 육신의 정욕과 안목의 정욕과 이생의 자랑을 통해 추구하는 영광입니다.

이 영광이 진정한 영광입니까? 이 영광을 추구하다가 결국 수치를 겪는 사람이 얼마나 많습니까? 이 영광을 추구하느라 예수님을 부끄러워하고 예수님의 말씀을 하찮게 여기는 사람이 얼마나 많습니까?

예수님이 직접 말씀하십니다.

"내가 영광으로 다시 올 때 그들을 내가 부끄럽게 여길 것이다."

예수님이 우리를 부끄러워하지 않으시는 삶을 살려면 어떻게 해야 합니까? 위를 바라보고 아버지의 영광을 구하며 살려면 어떻게 살아야 합니까?

> 5 그러므로 땅에 있는 지체를 죽이라 곧 음란과 부정과 사욕과 악한 정욕과 탐심이니 탐심은 우상 숭배니라 6 이것들로 말미암아 하나님의 진노가 임하느니라 골 3:5-6

살아 있는 몸의 일부를 죽이라는 명령이니 과격하게 들릴 수도 있습니다. 그 때문에 음란해지고 불결해진다면 몸의 일부를 죽이라는 것입니다. 예수님은 손이 범죄하면 손을 잘라 버리라고 하셨습니다. 발이 범죄하면 발을 잘라 버리라고 하셨습니다. 심지어 눈이 범죄하면 눈을 빼어 버리라고 하셨습니다. 지나치게 과격한 말씀이 아닙니까? 세상에, 그래서야 사지 멀쩡하게 성한 사람이 얼마나 있겠습니까? 아니, 몸에 남아 있는 게 뭐가 있겠습니까?

중요한 것은 그 다음 이야기입니다. 사지가 멀쩡해서 지옥 가는 것보다 불구로 천국에 가는 것이 훨씬 더 낫다는 것입니다. 지금같이 음란한 시대에 이 말이 들리겠습니까? 안 들립니다. 오히려 더 음란해지기 위해 생각할 수 있는 모든 것을 생각하고, 음란을 부추기는 광고나 음란물이 갈수록 기승을 부립니다.

성은 하나님이 허락하신 아름다운 것입니다. 부부의 사랑은 아름답습니다. 그런데 악한 영적 존재는 이 사랑조차도 음란하게 만듭니다. 추악한 부정과 정욕에 눈을 돌리게 만듭니다.

왜 한번 붙들리면 눈을 떼지 못할까요? 찬란한 빛에 눈이 멀기 때문입니다. 영광의 빛에 대한 꿈이 없기 때문입니다. 구슬치기를 할 나이에 나라와 민족의 영광을 생각하면서 살았던 선배들이 있습니다. 어린 나이에도 자기 방에 태극기를 걸어 놓고 기도했던 사람이 있습니다. 조국의 영광을 꿈꾸었기 때문에 미리 내다보았습니다.

그러나 대부분은 나처럼 평범하게 살았을 것입니다. 하지만 그것은 어린 시절로 족합니다. 나이 들어 어른이 되었는데도 구슬치기를 하면 어떻겠습니까? 또 부모의 마음이 어떻겠습니까. 날마다 게임방에 앉아 있고 매일같이 도박장을 출입한다면 가족의 마음이 어떻겠습니까? 게임방이나 도박장의 출입은 한심하기는 해도 유치한 수준입니다. 장성하여 하나님을 믿는다고 하면서도 걸핏하면 다투고 싸우는 건 어떻습니까? 그것도 참으로 안타깝지만 치졸한 수준입니다.

가장 교활한 것은 이 말 저 말 옮기면서 분란을 만들고 다른 사람들이 서로 싸우도록 만드는 것입니다. 양의 탈을 쓰고서 뒤에서 악한 짓을 하는 것입니다. 남을 속이고 이간질하고 뒤에서 조종하는 것입니다. 사탄이 졸지도 자지도 않고 하는 짓들입니다. 얼굴은 광명의 천사와도 같은 모습을 하고 뒤에서는 온갖 시비와 갈등을 일으키는 이 사람들은 대체 누구입니까? 왜 그렇게 삽니까?

바로 탐욕과 탐심 때문입니다. 탐심은 곧 우상숭배입니다. 여기 저기 다니면서 점을 보거나 부적을 갖고 다니는 것은 유치한 우상 숭배 수준입니다.

사실 더 교묘한 수준은 탐욕 그 자체입니다. 사람들이 더 많이 갖고 더 높아지기를 원하는 것은 무엇 때문입니까? 사람들이 나를 더 알아주고 더 대접해 주기를 원하는 것은 무슨 까닭입니까? 다른 사람들을 학대하고 폭력을 행사하는 일들의 뿌리는 과연 무엇입니까? 탐욕입니다.

내 안에는 탐욕이 없을까요? 탐욕은 본성입니다. 남녀노소 가릴 것 없이 누구에게나 있습니다. 옛 사람이 완전히 죽지 않은 사람은 예외 없습니다. 하나님의 영광에 이르지 못한 사람도 예외 없습니다. 사도 바울이 오죽하면 날마다 죽는다고 했겠습니까?

옛 사람을 벗고
새 사람을 입어라

바울이 골로새교회 성도들에게 부탁합니다.

⁷ 너희도 전에 그 가운데 살 때에는 그 가운데서 행하였으나 ⁸ 이제는 너희가 이 모든 것을 벗어 버리라 곧 분함과 노여움과

악의와 비방과 너희 입의 부끄러운 말이라 ⁹ 너희가 서로 거짓
말을 하지 말라 옛 사람과 그 행위를 벗어 버리고 골 3:7-9

사람은 누구나 똑같습니다. 다 같은 모습으로 살았습니다. 그러
나 이제는 다릅니다. 예전에 입었던 옷을 벗어 버려야 합니다. 걸
핏하면 화내고 불끈하여 큰소리를 내고 종일 입에 올렸던 악한 말
과 남을 폄훼하는 말과 부끄러운 말에서 벗어나야 합니다. 서로
거짓말하던 것도 이제 그만두어야 합니다.

한마디로 옛 사람을 벗고 새 사람을 입으라는 것입니다. 헌 옷
을 벗고 새 옷을 입으라는 얘기입니다. 새 옷이 싫습니까? 처음에
는 어색하지요. 그러나 더럽고 냄새 나는 헌 옷을 누가 도로 입으
려고 하겠습니까? 깨끗한 옷을 입으면 더러운 데 안 갑니다. 냄새
나는 곳을 피합니다. 고기를 구워 먹는 식당에 가면 옷을 접어서
자기 옆에 내려놓는 사람들이 있습니다. 옷에 냄새가 배는 것이
싫기 때문입니다. 늘 새 옷처럼 정갈하게 입겠다는 것입니다. 새
사람도 그래야 합니다.

¹⁰ 새 사람을 입었으니 이는 자기를 창조하신 이의 형상을 따라
지식에까지 새롭게 하심을 입은 자니라 ¹¹ 거기에는 헬라인이나
유대인이나 할례파나 무할례파나 야만인이나 스구디아인이나
종이나 자유인이 차별이 있을 수 없나니 오직 그리스도는 만유
시요 만유 안에 계시니라 골 3:10-11

그리스도인은 새 사람을 입은 사람이고, 하나님의 형상을 회복하는 사람이고, 하나님을 아는 지식으로 자라나는 사람입니다. 무지한 영혼은 선한 영혼이 될 수 없습니다. 하나님을 모르고는 영광에 이를 수 없습니다. 하나님의 영광에 이르는 길을 모른 채 그 길을 갈 수 없습니다. 그 길에는 차별이 없습니다. 헬라인이나 유대인이나 할례 받은 사람이나 받지 않은 사람이나 야만인이나 스구아디아인이나 종이나 자유인이나 차별이 없습니다.

헬라인이나 로마인들은 자기 민족 이외에는 모두 야만인이라고 부르며 차별했습니다. 스구아디아인이란 야만인 중에 야만인 취급을 받았던 유목민입니다.

1968년, 고등학교 3학년 시절에 서울에 처음 올라왔습니다. 그때 충격을 받았습니다.

"어디서 왔어?"

"네, 부산에서 왔습니다."

"아, 시골에서 왔구나."

부산이 서울 다음가는 대도시라는 자부심을 갖고 살았는데 자존심이 여지없이 무너졌습니다. 당시 서울 사람들은 서울을 벗어나면 모두 시골로 여겼습니다.

그리스도 안에서는 그런 차별이 없습니다. 하나님의 영광 안에는 그런 차별이 없습니다. 인간의 영광은 차별적입니다. 인간은 자신의 영광을 추구할수록 다른 사람들에게 상처를 안깁니다. 한 사람의 영광이 두드러질수록 다른 사람들의 시름이 깊어집니다. 한 사람의 영광이 뚜렷해질수록 그 곁에 있는 사람들의 그림자가 길어집니다.

그러나 하나님의 영광은 그림자를 만들지 않습니다. 태양빛이 강할수록 그림자도 짙은 법입니다. 그러나 하나님은 회전하는 그림자가 없으신 분입니다. 어떤 사물도 하나님의 영광 앞에서는 그림자를 만들 수 없습니다. 구원은 영광에 이르는 전 과정이고, 그 영광에 이르렀을 때 경험하는 완성입니다.

영광이 무엇입니까? 최고의 아름다움이며 최상의 선입니다. 최대의 진리입니다. 세상에도 진선미라는 기준이 있습니다. 미인대회에서 적용되는 기준을 말하는 것이 아닙니다. 하나님에게서 나온 기준입니다. 하나님의 영광에서 흘러나온 것입니다.

그러나 우리가 이 땅에서 보는 것은 천상의 그림자에 불과합니다. 하늘의 영광이 진정한 진선미이기 때문입니다. 그렇게 아름답고 선하며 진정한 것을 조금이라도 맛보고 나면 가짜에 만족할 수 없습니다. 가짜인 걸 알고서도 그걸 찾아 헤매겠습니까? 영원히 발을 돌이키지 않겠습니까? 영광의 진선미를 날마다 사모하며 추구하지 않겠습니까? 그 길이 신앙이고 그 길의 끝이 영광입니다. 땅에는 영광의 그림자만 있을 뿐입니다.

왜 구원입니까? 왜 꼭 구원을 받아야 합니까? 왜 구원을 받으셨습니까? 구원받고 무엇을 추구하며 삽니까? 날마다 내 삶이 무엇으로 빚어지고 있습니까? 내가 영원히 추구하는 것은 무엇입니까? 하나님의 영광을 바라보고 소망하며 살게 되기를 바랍니다.

그 소망 때문에 이 땅에 사는 것이 의미 있고 가치 있으며 그 영광의 무거움에 비춰 이 세상에서 겪는 고난의 가벼움이 느껴지게 되기를 바랍니다.

바울도 그렇게 고백합니다.

> 우리가 잠시 받는 환난의 경한 것이 지극히 크고 영원한 영광의 중한 것을 우리에게 이루게 함이니 고후 4:17

바울은 오히려 우리의 고난이 너무 가볍다고 말합니다. 너무 힘들다고 생각될 때마다 이 말씀을 기억하십시오. 영광이 너무나 크고 중요하고 또 영원하기에 일시 겪는 이 고난은 너무 가볍다는 것을 스스로에게 알려 주십시오. 고난은 곧 지나갑니다. 고통도 곧 지나갑니다. 영광은 반드시 옵니다. 예수님이 그 영광을 함께 볼 수 있도록 우리를 위해 기도하고 계십니다.

> 아버지여 내게 주신 자도 나 있는 곳에 나와 함께 있어 아버지께서 창세 전부터 나를 사랑하시므로 내게 주신 나의 영광을 그들로 보게 하시기를 원하옵나이다 요 17:24